Martina Hiemetzberger

Ethik in der Pflege

Martina Hiemetzberger

Ethik in der Pflege

3., überarbeitete Auflage

facultas

Mag.a, Dr.in phil. Martina Hiemetzberger

DGKP, akad. Lehrerin für Gesundheits- und Krankenpflege, Studium der Pflegewissenschaft und Ethik an der Universität Wien, Lektorin im Hochschulbereich und Weiterbildungssektor, Fachbuchautorin.

Bibliografische Information der Deutschen Nationalbibliothek
Die Deutsche Nationalbibliothek verzeichnet diese Publikation in der Deutschen Nationalbibliografie; detaillierte bibliografische Daten sind im Internet über http://dnb.d-nb.de abrufbar.

3. Auflage 2020
facultas Universitätsverlag, 1050 Wien, Österreich
Umschlagfoto: © Barcin, istockphoto.com
Lektorat: Sabine Schlüter, Wien
Satz & Abbildungen: Florian Spielauer, Wien
Druck: finidr
Printed in the EU
ISBN 978-3-7089-1876-1

Inhalt

Geleitwort

„Pflege ist ein wunderbarer Beruf, aber er ist ethisch gefährlich und gefährdend“ – diese Aussage von Professorin Miriam Hirschfeld zeigt in einfachen und doch drastischen Worten auf, dass Pflege immer untrennbar mit ethischer Verantwortung verknüpft ist. Wenn wir im professionellen Sinn Sorge für den anderen übernehmen, so geht dies immer mit moralischer Verantwortung einher und es gibt kaum Entscheidungen im Handlungsfeld professioneller Pflegender, die nicht in irgendeiner Form von ethischer Bedeutung sind.

Martina Hiemetzberger stellt zu Beginn ihres Buches die Frage, ob man „Ethik“ und „ethisches Handeln“ lernen kann. Dies ist eine schwierige Frage, sie ist Gegenstand mannigfaltiger Diskussionen und ist mit „Ja“ und mit „Nein“ zugleich zu beantworten. Mit „nein“, weil Ethik nicht wie Anatomie gelernt werden kann und es kein „Rezept“ für ethisch richtiges Handeln gibt, das gelehrt und gelernt werden kann und auch weil Ethik erst im Handeln selbst seine Bedeutung bekommt. Trotzdem gibt es das „Ja“ auf die Frage, ob Ethik gelernt und auch gelehrt werden kann (und muss). Es braucht die Grundlagen (und eine gute Vermittlung dieser), die für eine bewusste ethische Reflexion notwendig sind und die es Pflegenden ermöglichen, von rein intuitiv geleiteten Entscheidungen hin zu einem „wachen ethischen Bewusstsein“ und zu reflektierten, bewussten Entscheidungen zu kommen. Reflexion des eigenen Handelns ist nicht etwas, das uns grundsätzlich in die Wiege gelegt wurde. Genauso wie gelernt werden muss, pflegerisches Handeln auf Basis wissenschaftlicher Evidenz zu reflektieren, so kann und muss gelernt werden, dieses nach ethischen Grundsätzen zu tun. Und dies ist ein ganz zentraler Bestandteil der Ausbildung (und jeder Art der Weiterbildung) in der Gesundheits- und Krankenpflege – egal auf welcher Ebene.

Die Frage, ob Ethik gelernt (und gelehrt) werden kann, ist daher nicht eine des „Ja" oder „Nein", sondern vielmehr eine Frage des „wie", damit der Inhalt als sinnvoll wahrgenommen wird, einprägsam ist und nachhaltig wirkt.

Martina Hiemetzberger zeigt mit ihrem Buch, dass es Wege gibt, es zu tun. Das vorliegende Werk spiegelt den eigenen Hintergrund und Zugang der Autorin zu dem Thema: profunde theoretische Grundlagen allgemeiner Ethik gekoppelt mit umfangreichem pflegerischen (pflegewissenschaftlichen) Wissen, Erfahrung im Handlungsfeld Pflege und langjähriger Erfahrung als Lehrerin. All das macht das Buch zu einem wertvollen Hilfsmittel, Ethik in der Pflege zu vermitteln oder sich im Selbststudium anzueignen und zu verstehen.

Hier wird Theorie mit Anwendungsbezug gepaart, es werden breite theoretische Grundlagen vermittelt (die die notwendigen Informationen liefern, ohne zu sehr ins Detail zu gehen) und gleichzeitig wird die Leserin/der Leser durch die gut gewählten Fallbeispiele immer wieder in das eigene Handlungsfeld zurückgeholt und durch Reflexionsfragen angeregt, sich mit dem eben neu Gelernten auf einer ihr/ihm sehr bekannten, vertrauten Ebene auseinanderzusetzen.

„Gute menschenwürdigende Pflege erfordert ein ‚waches ethisches Bewusstsein', das erlernt, erlesen und diskutiert werden muss"[1] postulierte Hirschfeld weiter in ihrem Plädoyer für höhere Bildung in der Pflege und die Lektüre dieses Buches hilft dabei, dieses „wache ethische Bewusstsein" zu entwickeln, zu erneuern und zu leben.

Hanna Mayer

---

1 Hirschfeld 2012, Referat anlässlich der Verleihung des Goldenen Ehrenzeichens der Republik Österreich an Miriam Hirschfeld

Vorwort

Ethik war in der Pflege schon immer präsent, während eigenverantwortliches Handeln erst seit etwa zwei Jahrzehnten rechtlich eingefordert wird. Pflegende sind seither in verstärktem Maße aufgefordert, das eigene moralische Handeln und Verhalten in den Handlungsfeldern der Pflege zu planen und zu begründen.

Ethische Reflexion ist in allen Handlungsfeldern der Pflege unverzichtbar. Die Aneignung ethischer Argumentationsstrategien und Methoden für eine strukturierte Auseinandersetzung ist lern- und lehrbar und soll in der Aus-, Fort- und Weiterbildung aufgegriffen werden. Die folgenden Inhalte geben einen Überblick über wesentliche ethische Grundlagen und sollen unterstützende Möglichkeiten für ethische Fragestellungen anbieten. Eine wissenschaftlich fundierte Urteilsbildung erleichtert die Mitgestaltung des interdisziplinären Diskurses, denn ethische Probleme sind meist sehr komplex und tangieren mehrere Berufsgruppen und Berufsfelder.

Dem Entstehen dieses Buches liegen wertvolle Gespräche, Kommentare und Anregungen zugrunde. Ein besonderer Dank richtet sich daher an Frau Mag.^{a} Irene Achatz sowie an die Studierenden bzw. Auszubildenden der Gesundheits- und Krankenpflege für die Rückmeldungen und Diskussionsbeiträge, die in dieses Buch eingeflossen sind.

Für das Geleitwort zu diesem Buch danke ich herzlich Frau Univ.-Prof.^{in} Mag.^{a} Dr.^{in} Hanna Mayer, die als Vorständin des Instituts für Pflegewissenschaft der Ethik einen hohen Stellenwert einräumt und ethische Sensibilität vehement über einen übereifrigen Forschergeist stellt.

Herzlich bedanken möchte ich mich auch bei Frau Mag.^{a} Cornelia Russ vom Verlag facultas für ihr Interesse und bei Mag.^{a} Schlüter für das Korrekturlesen.

Die vorliegende dritte Auflage stellt eine weitgehende Überarbeitung dar und wurde um das Kap. 2.7, Diskursethik, erweitert. An dieser Stelle möchte ich noch darauf hinweisen, dass dieses Buch keinen Anspruch auf Vollständigkeit erhebt. Vielmehr soll es als kompaktes und handliches Überblickswerk interessierte Pflegepersonen bei moralischen Fragen unterstützend begleiten.

Martina Hiemetzberger

Einleitung

Pflege definiert sich als die Sorge um Menschen, und so ist der Pflegeberuf gekennzeichnet als Dienst an Menschen, mit Menschen und für Menschen. Der Pflegeberuf besteht in einem engen Naheverhältnis zu Patient*innen, betrachtet den Menschen ganzheitlich und erkennt ihn in seinen physischen, psychischen, spirituellen und sozialen Bedürfnissen an. Pflegende umsorgen nicht Krankheiten, sondern haben den kranken Menschen mit seinem veränderten Wohlbefinden im Kontext seines Umfeldes im Blick. Dies erfordert ein hohes Maß an Verantwortungsbewusstsein, Empathie und die Schaffung einer soliden Vertrauensbasis. Schnepp (1996) nennt eine solche patientenorientierte Pflege „pflegekundige Sorge". Diese Sorge wird beeinflusst durch die zu erfüllenden Aufträge und das Umfeld, in dem Pflegende agieren.

Durch die medizinischen und technischen Fortschritte, den gesellschaftlichen Wertepluralismus, die demografischen Veränderungen und die in diesem Kontext vermehrt auftretenden chronischen Krankheiten kommen auf die Pflege komplexe ethische Probleme zu. Zudem stellt die Migration aus unterschiedlichen Ländern und Kulturen auch Pflegende vor neue, zum Teil unbekannte Herausforderungen.

Die Sicherung guter Pflegequalität erfordert eine ständige Weiterentwicklung der fachlichen Kenntnisse sowie die Ausbildung ethischer Kompetenz. Menschen in ihrem subjektiven Krankheitserleben sowie ihren persönlichen Wertvorstellungen zu begegnen und sie zu betreuen, verlangt nach einer regelmäßigen ethischen Reflexion und der Begründung des eigenen pflegerischen Handelns als pflegende Person.

Das Tätigkeitsfeld der Pflege erschöpft sich nicht im pflegerischen Handeln von Einzelpersonen, sondern umfasst die Zusammenarbeit mit allen Berufsgruppen, die für das Wohl der Patient*innen verantwortlich sind. Pflegende nehmen hier eine verbindende Schlüsselposition im Gesundheitswesen ein.

Zwischenmenschliche Kommunikation und Kooperation machen das Klima in einem Team bzw. einer Organisation aus, in der sich Patient*innen wohlfühlen und gesunden sollen. Ethik beeinflusst die Kultur einer Organisation durch die kontinuierliche Reflexion der zwischenmenschlichen Interaktion auf allen beruflichen Ebenen. Ethische Fragen und Konflikte in der Betreuung von Patient*innen betreffen meist mehrere Berufsgruppen und können daher nur interprofessionell adäquat bearbeitet werden. Schwierige und existenzielle Entscheidungen erfordern einen gemeinsamen Diskurs, damit sie von allen Beteiligten mitgetragen werden können, denn in einer wertepluralen Gesellschaft, wie sie sich auch in einer Organisation widerspiegelt, existieren keine homogenen Wert- und Sinnvorstellungen. Pflegende brauchen ethische Kenntnisse, um die Wahrnehmung für moralische Probleme zu schärfen, ethische Fragen zu kommunizieren und die eigene Argumentation in den interdisziplinären Diskurs einzubringen.

Dieses Buch bietet in den ersten beiden Kapiteln eine Einführung in die theoretischen Grundlagen philosophischer Ethik und ihre Übersetzung in die verschiedenen Handlungsfelder der Pflege.

Das dritte Kapitel thematisiert die Pflegeethik als eigene Bereichsethik neben der Medizinethik und geht auf die Bedeutung der ethischen Reflexion mit Rückbezug auf die normative Ethik ein. Die Besonderheit der Pflegeethik ergibt sich durch die Spezifizierung ethischer Grundlagen und der Entwicklung berufsethischer Grundsätze (Ethikkodex), die der ethischen Reflexion und fundierten Argumentation in den Handlungsfeldern der Pflege Unterstützung bieten können.

Das letzte Kapitel befasst sich mit der Bedeutung der Organisationsethik. Erst die Verortung von Ethik in Organisationen macht kollektive Reflexion möglich, trägt zur Verbesserung der Organisationskultur bei und liefert einen wertvollen Beitrag zur Qualitätssicherung.

Um die Ausführungen zu vertiefen, werden nach jedem Kapitel weiterführende Literaturhinweise angeboten.

1 Allgemeine Ethik

„Wir philosophieren nicht, um zu wissen, was gutes Handeln ist, sondern um gut zu handeln."
Aristoteles

Kann man Ethik lernen? Womit beschäftigt sich die Ethik? Welche Rolle spielen dabei Moral, Werte, Normen, Prinzipien und Tugenden und wie lassen sie sich in das Handlungsfeld der Pflege übersetzen? Besteht ein Unterschied zwischen den Begriffen Ethik und Moral? Welche Position nimmt das Recht in diesem Kontext ein?

Die Begriffe Ethik und Moral bzw. ethisch und moralisch werden in der Alltagssprache häufig synonym verwendet. In der Ethik als praktische Philosophie gilt eine klare inhaltliche Differenzierung dieser beiden Begriffe.

Eine eingehende Beschäftigung mit praxisbezogenen ethischen Problemfeldern bedarf der Klärung wesentlicher Begriffe in diesem Zusammenhang. Daher soll dieses Kapitel nach der Definition der oben angeführten Begriffe einen Einblick in die Ethik als wissenschaftliche Disziplin geben und die Pflegerelevanz herausstellen.

1.1 Moral

Das lateinische Wort *mos* (Plural: *mores*) bedeutet Moral, Sitte. Es entstammt der Übersetzung des griechischen Alltagsbegriffes *êthos,* das in der Antike in zwei Schreibversionen mit unterschiedlicher Bedeutung vorkommt: Zum einen als έθος für Gewohnheit, Sitte, Brauch; es bezeichnet das Handeln nach den geltenden Normen der antiken Polis.

Polis
antiker griechischer Stadtstaat

Zum anderen gilt ἦθος als Charakter, Haltung, Tugend und konstituiert sich durch die zur Gewohnheit gewordene Einsicht in das Gute. Damit entspricht die zweite Schreibweise von *êthos* eher dem abstrakten Begriff Moralität/Sittlichkeit (vgl. Pieper, [6]2007, S. 26 f.).

Die Gesamtheit von Werten, Normen und Tugenden für gutes und richtiges Handeln, die eine Gesellschaft, Organisation oder (spezifische) Gruppe durch gemeinsame Anerkennung als verbindlich gesetzt hat, wird als Moral oder auch Ethos bezeichnet.

Moralisches Handeln und Verhalten kann erlernt werden und wird bereits in frühester Kindheit durch Erziehung, Bildung und das soziale Umfeld vermittelt und vorgelebt. Bestenfalls ist es von menschlichen Werten wie gegenseitigem Respekt, Ehrlichkeit, Fairness und Gewaltlosigkeit geprägt und wirkt sich so auf die Gewissensbildung als Verhaltensmaßstab aus. Wir handeln jedoch nicht automatisch gut, sondern wir müssen uns immer wieder von Neuem für das Gute entscheiden. Moral setzt Freiheit und **Autonomie** voraus, denn erst wenn ich frei handle, kann mir Moral zuerkannt werden.

Autonomie
griech. *autós* = selbst; *nómos* = Gesetz: Selbstgesetzgebung, Selbstbestimmung; die Möglichkeit und die Fähigkeit, sein Leben nach eigener Ansicht zu gestalten und zu lenken

Bei Kant: einem Gesetz folgen, das man sich selbst gegeben hat, weil man es für sich akzeptiert hat (Kategorischer Imperativ)

Gegensatz: **Heteronomie** (Fremdbestimmung, Abhängigkeit von fremden Einflüssen; z. B. Gesetz wegen drohenden Sanktionen, oder Bindung wegen eines Interesses an eine Autorität)

Moralvorstellungen können sich im Laufe der Zeit ändern und differieren in unterschiedlichen Kulturkreisen. Es existieren daher verschiedene Moralen, die historisch gewachsen und durch die kulturellen und traditionellen Wurzeln einer Gruppe geprägt sind (vgl. Pieper [6]2007, S. 32).

Unter **Moral** versteht man die gelebten Werte und Normen, die eine Gemeinschaft für sich als verbindlich anerkennt. Als Grundlage gesellschaftlicher Ordnung vermittelt sie Sicherheit, bleibt aber meist unreflektiert, bis neuere Entwicklungen das bestehende Moralverständnis infrage stellen.

Als Mitglieder einer Gesellschaft sind wir aufgefordert, unser Handeln nach den jeweils gültigen moralischen Vorschriften auszurichten, damit ein gerechtes und faires Miteinander gelingen kann. Innerhalb der Gesamtmoral eines Kulturkreises haben sich auch besondere Moralen herausgebildet, deren Normen nur für einen bestimmten Teil der Mitglieder gelten. So sind Angehörige bestimmter Berufsstände (z. B. Pflegepersonen, Ärzt*innen, Jurist*innen, Lehrer*innen u. a.) einer Berufsmoral bzw. einem Berufs- oder Standesethos verpflichtet.

Das Ethos der Pflege formuliert ethische Grundsätze, nach denen Pflegende ihr Handeln ausrichten sollen. Es drückt sich in einer verinnerlichten moralischen Grundhaltung aus und wird im Umgang mit den anvertrauten Patient*innen im Krankheits- und Genesungsprozess wirksam. Die hierfür geltenden Verhaltensregeln sind im Berufskodex verankert.

Für die **Begründung moralischer Handlungen** werden in der Alltagspraxis vom Einzelnen „gute" Gründe herangezogen, die seinem moralischen Urteil standhalten sollen. Die Motive auf die Frage „Warum hast du das getan?" oder „Warum hast du so gehandelt?" können vernünftigen Überlegungen wie auch gefühlsmäßigen Einschätzungen folgen. Pieper ([6]2007, S. 189–204) nennt sechs Klassen von Begründungsstrategien:

- **Bezugnahme auf ein Faktum:** Menschen zu helfen gemäß der gesellschaftlichen Norm, weil ein Mensch verfolgt, behindert, blind, hilflos oder in Not geraten ist.

  Beispiel: Ich gebe der Patientin das Essen ein, weil sie zu schwach ist, um selbstständig zu essen.

Solche Antworten werden in der Regel als moralisch gerechtfertigt anerkannt. Als moralisch nicht hinreichend gilt ein Faktum, das nicht die Anerkennung einer allgemein als verbindlich erachteten Norm ausdrückt wie etwa Vorurteile, mangelnde Wertschätzung und Diskriminierung anderer Menschen (z. B. farbige, homosexuelle, alte, demente Menschen).

- **Bezugnahme auf Gefühle:** Gefühle und Emotionen sind für die Begründung einer moralischen Handlung meist nicht ausreichend (z. B. Sympathie oder Antipathie, Zu- oder Abneigung, Mitleid). Sie können zwar Erklärungen für Handlungen oder Verhaltensweisen liefern, jedoch nicht unweigerlich eine moralische Rechtfertigung.

  Beispiel: Ich bin den ganzen Nachmittagsdienst bei ihr geblieben, weil sie so traurig war. Ich habe ihn nicht gewaschen, weil ich mich vor ihm so geekelt habe.

- **Bezugnahme auf mögliche (positive oder negative) Folgen:** Der Rekurs auf die positiven Folgen einer Handlung mit angemessenen Mitteln wird kaum jemand als moralisch nicht gerechtfertigt betrachten. Anders verhält es sich beispielsweise bei dem Argument „Der Zweck heiligt die Mittel" – dieses kann als Rechtfertigung dann nicht genügen, wenn beispielsweise zwar Leid oder Anstrengung vermieden wird, die Mittel dafür aber einen niedrigen moralischen Wert darstellen.

  Beispiel: Ich habe den Herrn im Bett fixiert, damit er nicht aufstehen und stürzen kann. Ich habe der betagten alten Dame einen Harnkatheter gelegt, damit sie nachts nicht ständig auf die Toilette muss.

- **Bezugnahme auf den Moralkodex einer Gruppe (z.B. Berufskodex, Gelübde, Eid):** Die in einem Moralkodex anerkannten Normen und Regelkataloge sind für moralische Begründungen einer Handlung nicht immer ausreichend und müssen hinterfragt werden, besonders dann, wenn Angehörige unterschiedlicher Kulturen oder mehrerer Generationen aufeinandertreffen.

  Beispiel: Ich führe die angeordnete Therapie nicht aus, weil es dem Patientenwillen entspricht und das Recht auf Selbstbestimmung zu akzeptieren ist.

- **Bezugnahme auf moralische Kompetenz:** Der Bezug auf die moralische Kompetenz der als Autorität anerkannten Personen oder Instanzen (Arzt/Ärztin, Bereichsleitung, Lehrperson, Vorgesetzte u.a.) wird oft zur Handlungs- oder Urteilsbegründung angegeben. In moralischen Angelegenheiten kann sich niemand seiner persönlichen Verantwortung entziehen, indem er/sie sich auf andere beruft; dies muss kritisch hinterfragt werden. Ebenso gilt es, die eigene moralische Kompetenz zu reflektieren, bevor Handlungen ausgeführt oder strikte Anordnungen erteilt werden.

  Beispiel: Ich habe ihn bei der Körperpflege nicht unterstützt, weil die Anordnung der Stationsleitung andere Prioritäten vorgab.

- **Bezugnahme auf das Gewissen:** „Weil es mir mein Gewissen so befiehlt“ gilt als eine generell anerkannte Form der Begründung, denn „(n)iemand kann uns moralisch zu etwas verpflichten, wenn wir uns nicht selbst dazu verpflichtet wissen“ (Anzenbacher, [7]1999, S. 279). Das Gewissen fordert uns also auf, dem Urteil der eigenen Vernunft zu folgen und das als gut Erkannte zu tun, d.h. eine bestimmte Handlung auszuführen oder zu unterlassen. Doch kann auch das Gewissen irren.

Rechenschaft für moralisches Handeln abzulegen, kann nicht bloß aus einem subjektiven Gefühl heraus erfolgen, sondern muss auf vernünftige Argumente gestützt sein. Wir sind daher verpflichtet, unser Gewissen zu bilden, sich zu informieren und zu kultivieren, und zwar ein Leben lang. Die Gewissensbildung erfolgt zu einem großen Teil bereits in der Kindheit durch Erziehungsprozesse und wird historisch und soziokulturell mitbedingt. Ab dem Erwachsenenalter trägt jeder Mensch für die weitere Gewissensbildung selbst die Verantwortung. Dieser Prozess kann als Zeichen der persönlichen Reife angesehen werden. Dabei spielt das jeweils geltende Normen- und Wertesystem eine bedeutende Rolle. Das Nichtbefolgen moralischer Verpflichtungen verursacht bei Betroffenen ein „schlechtes" Gewissen durch das Spannungsfeld zwischen subjektivem Gewissen und vorgegebenen Normen (vgl. Anzenbacher [7]1999, S. 281). Körtner ([3]2017, S. 17) spricht von der „Kluft zwischen Sein und Sollen".

Im Wort Gewissen steckt die Vokabel *Wissen* – es bezeichnet ein spezifisches Wissen über Regeln und Grundsätze für die geltende Moral. In einer Gesellschaft können bestimmte Werte so verbreitet sein, dass kaum jemand auf die Idee kommt, sie infrage zu stellen (vgl. Zsifkovits, 2004, S. 59). Deshalb hat ein Mensch, der außerhalb dieser Gesellschaft steht, keine „Gewissensbisse", wenn er geltende Normen und Werte verletzt. Daraus folgt, dass jemand, der unreflektiert seinem Gewissen folgt, nicht schon automatisch gut handelt. Gewissensurteile bleiben immer subjektive Bewertungen, die nicht überprüfbar sind und daher nicht verallgemeinert werden können.

In der alltäglichen Praxis werden die genannten Argumentationsstrategien meist vermischt, um vollzogene Handlungen überzeugend zu rechtfertigen. In moralischen Fragen ist nicht immer ein Konsens zu erreichen.

Um komplexe Entscheidungen im zwischenmenschlichen Bereich argumentativ zu vertreten, reichen subjektive Beweggründe nicht aus. Erst die Selbstreflexion ermöglicht es, das eigene Handeln und Urteilen kritisch zu hinterfragen sowie es nach einer bewussten Auseinandersetzung mit den zugrundeliegenden Werten, Normen und Prinzipien gegebenenfalls zu korrigieren. Diese Bewusstseinsbildung formt den Charakter und drückt sich in der Qualität der handelnden Person als *personale Moral* (Marschütz, 2009, S. 5) oder *Moralität* (im Sinne von ἦθος) aus.

Die Motivation für moralisches Handeln ergibt sich entsprechend der eigenen Gesinnung, weil man sich durch kritische Reflexion dem als moralisch richtig oder gut Erkannten gegenüber selbst verpflichtet weiß. Eine Person, die aus dieser Grundhaltung heraus gut handelt, besitzt **moralische Kompetenz**. Sie kann ihr Handeln gegenüber sich selbst wie auch gegenüber ihren Mitmenschen verantworten. Rechenschaftspflicht bedingt darüber hinaus haltbare, d. h. ethisch fundierte Argumente, denen sich die folgenden Kapitel widmen.

Moralität beschreibt die Charaktereigenschaft einer Person.

1.2 Ethik

„Moral predigen ist leicht, Moral begründen schwer."
Arthur Schopenhauer

Die philosophische Ethik ist eine Wissenschaft, die sich mit der Frage nach dem guten und richtigen Handeln und Leben beschäftigt und die bestehende Moral mit ihren Werten und Normen auf ihre Gültigkeit hin kritisch hinterfragt. Während die Moral angibt, was moralisch gut ist, liefert die Ethik Begründungen, warum etwas für gut gehalten werden soll. Die Ethik in ihrer heutigen Begrifflichkeit wird auch als Moralphilosophie bezeichnet (vgl. Pieper, [6]2007, S. 1).

Ihren Ursprung hat die Ethik in der griechischen Antike. Aristoteles (384–322 v. Chr.) begründete den Begriff „Ethik" als Teilgebiet der Philosophie.

Er unterschied zwischen theoretischer (Logik, Mathematik, Physik und Metaphysik) und praktischer Philosophie (Politik, Ökonomie und Ethik). Während sich die theoretische Disziplin der Philosophie mit Fragen des Erkennens und Seins beschäftigt, geht es in der praktischen Philosophie um menschliche Handlungsweisen (vgl. Pieper [6]2007, S. 24).

Mit *êthikês theôrias* bezeichnete Aristoteles die wissenschaftliche Beschäftigung mit Gewohnheiten, Sitten und Gebräuchen (êthos) der Polis. Er vertrat die Überzeugung, dass der Mensch als vernunftbegabtes Wesen die Fähigkeit besitze, sein sittliches Handeln kritisch zu hinterfragen und zu begründen (vgl. Düwell/Hübenthal/Werner, [2]2011, S. 1). Sein Anliegen bestand darin, die vorherrschenden Sitten und Gebräuche auf ihren vernünftigen Sinn hin zu überprüfen. Dazu formulierte er die leitende Frage: „Wie kann ich ein gutes Leben führen?" Sein wohl bedeutendstes Werk der Ethik ist die *Nikomachische Ethik*.[2] Sie beinhaltet eine umfassende Theorie des Handelns.

Ethik nimmt aus einer gewissen Distanz eine **methodisch-kritische Reflexion des menschlichen Handelns** vor, um zu argumentativ begründeten Aussagen zu gelangen. Durch die Reflexion der Moral versucht sie, das moralisch Gute zu ermitteln und bestehende Normen und Werte kritisch auf ihre Gültigkeit hin zu befragen. Dabei erhebt sie nicht den Anspruch, in Form von Rezepten zu bestimmen, wie in der konkreten Situation zu handeln ist, sondern trägt zur Orientierung bei.

Gemäß diesem Aufgabenbereich definiert Pieper ([6]2007, S. 17) die Ethik als „Wissenschaft vom moralischen Handeln".

---

[2] Die Nikomachische Ethik ist höchstwahrscheinlich nach Aristoteles' Sohn Nikomachos benannt.

Ethik als praktische Wissenschaft beschäftigt sich mit den verschiedenen Dimensionen moralischen Handelns (Werte, Normen, Prinzipien, Tugenden u.a.). Im Unterschied zu religiösen Morallehren stützt sich Ethik ausschließlich auf die Vernunft.

Ethik ist die methodisch-kritische Prüfung und Begründung der Moral. Sie ist universal gültig und nicht kulturgebunden.

1.2.1 Ziele und Aufgaben der Ethik

Häufig wird Ethik nur als etwas Theoretisches, Praxisfernes angesehen. Tatsächlich aber verfügt nach Immanuel Kant der Mensch immer schon über Moralität, nur sind ihm deren Grundbegriffe oft nicht bewusst, da er nicht gewohnt ist, sie zu reflektieren. Ethische Reflexion wird notwendig, wenn in der Alltagspraxis das Selbstverständliche durch aktuelle Entwicklungen infrage gestellt wird (vgl. Rabe, 2009, S. 85).

Beispiele: Fragen der Sterbebegleitung, sexuelle Orientierung, Autonomie als grundlegendes Menschenrecht u. a.

Ethik gewinnt also dort an Bedeutung, „wo moralische Differenzen vorherrschen: Unterschiedliche Meinungen, Einschätzungen, Interessen, Werte – unterschiedliche Vorstellungen (‚Landkarten') zu dem, was ist und was (wie) sein soll." (Metz/Reitinger, 2010, S. 63) Im Zentrum steht die Frage „Wie soll ich handeln?" bzw. „Was soll ich tun?"

Insbesondere versucht die Ethik, dort Orientierung zu bieten, wo unsere moralischen Alltagsüberzeugungen unsicher oder widersprüchlich sind (vgl. Marckmann, 2013, S. 4; Wiesing, [4]2012, S. 23).

Reinhard Lay (2012, S. 40 ff.) beschreibt sieben Einzelaufgaben der Ethik:

- **Aufklären, Transparenz herstellen:** Historisch gewachsene Normen und Werte einer Kultur oder Gesellschaft werden von den ihr zugehörigen Menschen im Laufe des Lebens meist unbewusst verinnerlicht. Der Mensch ist aber in der Lage, sich diese Normen und Werte bewusst zu machen, zu reflektieren und gegebenenfalls zu modifizieren.
- **Moral legitimieren:** Ethik versucht die bestehenden moralischen Verpflichtungen, auf die das Handeln gründet, kritisch zu reflektieren und zu rechtfertigen (z. B. werden gängige Fixierungsmaßnahmen bei Patient*innen mit Selbstgefährdung ethisch überprüft und als angemessen bestätigt).
- **Bestehende Normen überprüfen:** Eine weitere Aufgabe der Ethik besteht in der kritisch-distanzierten Reflexion und Überprüfung bestehender Normen und Werte.
- **Prinzipien und Normen zur Verfügung stellen:** Die Aufgabe der Ethik besteht auch darin, Grundprinzipien für menschliches Handeln bereitzustellen und zu begründen. Diese dienen als Maßstab zur Beurteilung formaler Normen (z. B. stets die Wahrheit zu sagen). Die kritische Beurteilung in konkreten Situationen bleibt demnach die immerwährende Aufgabe des/der Einzelnen.
- **Handlungen auf ihre Sittlichkeit überprüfen:** Die Ethik fungiert auch als Instrument, welches zur Orientierung für Entscheidungen und Handlungen in moralisch schwierigen Situationen dient, ohne konkrete Handlungsanweisungen vorzugeben.
- **Korrektiv für die Praxis sein:** Die Ethik als wissenschaftliche Disziplin dient der Überprüfung und Korrektur moralischer Praxis. Sie verfolgt das Ziel:

- der Sensibilisierung des/der Handelnden, damit sie/er moralische Konflikte und Probleme in der Praxis klar erkennen kann;
- Lösungsvorschläge zu entwickeln und zu begründen – unter Berücksichtigung moralischer Konsequenzen;
- selbstständige und überlegte Entscheidungen für das moralisch richtige Handeln zu treffen.

- **Zur moralischen Kompetenz anleiten:** Die/der Handelnde soll die Fähigkeit erwerben, nicht bloß Konventionen zu folgen, sondern durch selbstständiges Urteilsvermögen und Einsicht moralische Kompetenz zu erlangen.

In der Pflege ergeben sich fortwährend Situationen, die ethische Kompetenz erfordern, wobei die beschriebenen Ziele und Aufgaben zum Tragen kommen.

1.2.2 Ebenen der Ethik

Entsprechend der Grundfrage und der Methodik sind unterschiedliche Ebenen ethischer Theorie zu unterscheiden: deskriptive Ethik, normative Ethik und Metaethik.

Deskriptive Ethik

> **Deskriptive Ethik**
> lat. *describere* = beschreibend, empirisch

Die deskriptive oder empirische Ethik beschreibt bestehende Wert- und Moralvorstellungen von Individuen, Kulturen, Gruppen oder Gesellschaften. Sie wird von diversen Einzelwissenschaften wie der Soziologie, der Psychologie, Pädagogik, Geschichte, Politologie etc. geleistet. Die deskriptive Ethik versucht das menschliche Miteinander in Beziehung zu anderen Fakten und Erscheinungen (historische, politische, soziologische, religiöse, kulturelle, geografische etc.) zu klären und den darin innewohnenden

Moralkodex zu ermitteln sowie Aufschlüsse über einen Wertewandel zu liefern. Sie fällt keine moralischen Urteile.

Die deskriptive Ethik beschäftigt sich mit Fragen wie z. B.: Welche Moralvorstellungen prägen die Menschen bestimmter Kulturen? Welche Werte und Normen bilden die Basis der Pflegeausbildung?

Für die Entwicklung einer Pflegeethik sind die Erkenntnisse der deskriptiven Ethik bedeutsam, weil geltende Werte und Erwartungen einer Gesellschaft in historischem und kulturellem Zusammenhang stehen. Ein adäquates Verhalten den Patient*innen gegenüber setzt die Kenntnis und das Verstehen ihres jeweiligen soziokulturellen Lebenshintergrundes voraus.

> **Die deskriptive Ethik** beschreibt moralische Haltungen und Überzeugungen von Individuen, Gruppen oder der Gesellschaft. Sie ist rein beschreibend und nicht wertend.

Normative Ethik

„Die Normative Ethik begibt sich auf die Suche nach der richtigen Moral."

(Düwell/Hübenthal/Werner, [3]2011, S. 25)

> **Normative Ethik**
> normativ = wertend; normbegründende Ethik

Die normative oder präskriptive (vorschreibende) Ethik, gelegentlich auch als Sollensethik bezeichnet, untersucht nicht, wie jemand tatsächlich handelt, sondern wie jemand handeln soll. Sie nimmt dabei eine **kritisch wertende Sicht** auf geltende Normen und Werte ein, die in der Geschichte der jeweiligen Kultur mit all ihren Widersprüchen tradiert und bewahrt worden sind. Dabei werden Werthaltungen aufgegriffen, die sich als gesellschaftliche Kritik und als Weisungen für das menschliche Leben äußern (vgl. Amelung, 1992, S. 57).

Die zentrale Aufgabe der normativen Ethik besteht in der Prüfung, ob die Normen und Werte, die dem Handeln zugrunde liegen, zu rechtfertigen sind. Sie versucht Kriterien zu entwickeln, die die moralische Beurteilung von Handlungen ermöglichen, ohne sie bereits vorwegzunehmen, d. h. sie bietet keine direkten Handlungsanweisungen wie: In Situation X musst du Y tun! Vielmehr will sie eine Orientierung sein. Sie versucht Lebensregeln allgemein zu formulieren und auch rational zu begründen (argumentative Begründungen für eine Diskussion). Normative Ethik beschäftigt sich mit der Grundfrage: Was soll ich tun? Wie sollen wir uns unseren Mitmenschen gegenüber verhalten? Nach welchen Zielen und Werten soll ich mein Handeln ausrichten?

Die normative Ethik besinnt sich auf die ethische Qualität menschlichen Handelns unter dem Aspekt von richtig und falsch bzw. gut und schlecht in Form von allgemeinen Geboten und Verboten (Gebot der Hilfsbereitschaft, Tötungsverbot etc.).

Die Ethik als normative Wissenschaft ist für die Pflege, in deren Mittelpunkt der zu pflegende Mensch mit seinem persönlichen Wertebewusstsein steht, von zentraler Bedeutung.

Normative Ethik befasst sich mit der Begründung moralischer Urteile. Sie formuliert Werturteile und Prinzipien für moralisches Handeln.

Metaethik
= sprachanalytische Ethik; *meta* = nach, hinter der normativen Ethik, z. B. Frage nach der Bedeutung von „gut"

Metaethik

Die Aufgabe der Metaethik besteht in der Klärung ethischer Grundbegriffe wie gut, böse, Freiheit etc. Sie versucht logische oder sprachliche, semantische oder pragmatische Elemente und Formen ethischer Werte, Normen, Gebote kritisch zu analysieren und Methoden zu ihrer Rechtfertigung und Anwendung zu entwickeln. Die Metaethik befasst sich auch mit der Begründbarkeit und Gültigkeit des Richtigen und Guten, die diverse ethische Theorien vorschlagen. Sie kann auch als Wissenschaftstheorie der Ethik bezeichnet werden und ist Ethiker*innen vorbehalten (vgl. Pauer-Studer, 2010, S. 13). Wie die Ausführungen zeigen, sind für die Pflege sowohl die normative als auch die deskriptive Ethik von praktischer Relevanz.

1.3 Werte

„Wie ich werte, so bin ich und so werde ich."
Karl Jaspers

Ein Wert bezeichnet einen wünschenswerten Maßstab für eine Qualität. Damit kann ein moralischer ebenso wie ein nichtmoralischer Wert gemeint sein. Nichtmoralische Werte wie beispielsweise Fragen der Ästhetik eines Gemäldes oder Autos stellen kein Kriterium für mitmenschliches Verhalten dar und sind daher in diesem Kontext nicht von Bedeutung.

Moralische Werte bilden einen Orientierungsrahmen für das moralische Handeln einer Person, innerhalb einer Gruppe oder Gesellschaft. Sie bezeichnen Lebensinhalte, Handlungsziele oder Sinndeutungen, die Individuen und Gruppen für gut und erstrebenswert erachten. Als bewusste oder unbewusste Orientierungsmaßstäbe für das im Allgemeinen Gute sind sie Motive und Ziele für unser moralisches Handeln und prägen den Charakter eines Menschen. Dieser wiederum drückt sich im Verhalten und Handeln aus. Werte sind Bestandteil jeder Moral und beziehen sich auf die Frage: Was ist das Gute? Sie werden von Menschen gesetzt und variieren von Kultur zu Kultur, von Land zu Land etc. Zudem ändert sich ihr Inhalt im Verlauf kultureller, politischer, sozioökonomischer, religiöser, technischer und anderer Entwicklungen entsprechend dem sich verändernden menschlichen Selbstverständnis (z. B. Umgang mit Tod und Sterben).

Werte sind Motive für unser Handeln oder Nichthandeln, dafür, unseren Mitmenschen in der Not zu helfen oder ihnen keinen Schaden zuzufügen. Sie bieten somit auch sozialen Schutz (z. B. Gleichberechtigung, um Diskriminierung zu verhindern).

Zu den moralischen Werten zählen unter anderem:

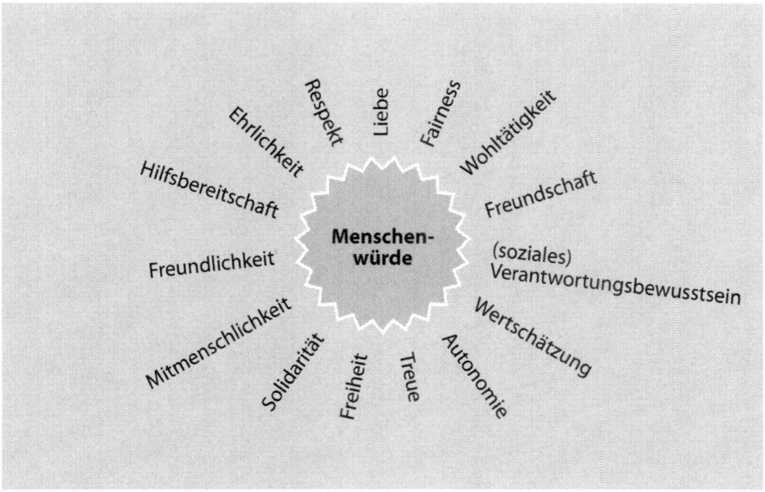

Abbildung 1: Moralische Werte

Die Ordnung nach Prioritäten in einer hierarchischen Reihenfolge nennt man **Werteskala**. Werteskalen beinhalten zentrale Werte, die als Grundlage für unser Handeln dienen und unser Leben bestimmen sollen (vgl. Lauber, [3]2012, S. 251 f.). Leitsätze wie „Geiz ist geil" setzen andere Wertmaßstäbe als Achtsamkeit oder Nachhaltigkeit. Werte unterliegen keinen starren Gegebenheiten, sondern sind abhängig von aktuellen wirtschaftlichen, gesellschaftlichen und persönlichen Interessen und Lebenssituationen. Beispielsweise ändert sich bei einem Menschen, der unheilbar krank geworden ist, die Wertehierarchie grundlegend.

Ein **Wertewandel** tritt immer dann auf, wenn alte Werte zerfallen und andere, neue Werte, die die Menschen als besser erachten, hinzukommen oder wenn es zu Verschiebungen der Rangordnung innerhalb eines bestehenden Wertesystems kommt. Auch der Pflegeberuf hat sich gewandelt. Die Verantwortung der Pflegeperson hat sich vom paternalistischen Fürsorgeverständnis hin zu einer patientenorientierten Pflege, die auf aufgeklärte Selbstbestimmung bzw. achtsame Rücksichtnahme auf Patientenbedürfnisse ausgerichtet ist, verändert.

Werte existieren auf mehreren Ebenen; man spricht dann u. a. von **persönlichen, kulturellen** (gesellschaftlichen) und **beruflichen** (professionellen) **Werten**.

Tabelle 1: Einteilung moralischer Werte

Persönliche Werte	Kulturelle Werte	Berufliche Werte
Individuelle Anschauungen als Lebensgrundlage (persönliche Werte werden gefördert durch Erziehung, Kultur und Erfahrung). Sie geben Auskunft über die moralische Struktur des eigenen Lebens.	Geltende Werte innerhalb eines Kulturkreises sind geschichtlich gewachsen und werden beeinflusst von Traditionen, Lebensbedingungen usw. (Klima, geografische Lage, Religion, Politik …).	Werte innerhalb eines Berufsstandes sind in Berufskodizes festgehalten – sie werden durch Ausbildung und Praxis erworben. Als zentraler Wert der Pflege gilt die Achtung der Menschenwürde.

Jeder Mensch interpretiert Werte auf seine Weise und gibt ihnen eine persönliche Wertigkeit. Das Ausmaß der Wichtigkeit, das wir den einzelnen Werten zuschreiben, wird von unserer Erfahrung, unserer Erziehung und unserem soziokulturellen Umfeld geprägt. Ihre Bedeutung kann sich im Laufe des Lebens und Reifens eines Menschen verändern. Somit besitzt ein Wert eine höchstpersönliche Qualität und kann von Mensch zu Mensch völlig verschieden sein. Ebenso können Werte von einer Kultur als gut anerkannt sein, während eine andere sie verurteilt. In einer multikulturellen Gesellschaft kann dies zu Wertekonflikten führen. Einige Werte wie Menschenwürde, Schutz des Lebens, Wahrheit (Wahrhaftigkeit), Gleichheit und Gerechtigkeit beanspruchen universale Geltung und werden in den meisten Kulturen anerkannt. Werte, die für jeden Menschen realisierbar sein müssen, bezeichnen sogenannte *Grundwerte*.

Wertesysteme können miteinander in Konflikt geraten. **Wertekonflikte** bestehen sowohl auf internationaler Ebene als auch innergesellschaftlich (z. B. Schwangerschaftsabbruch, Sterbehilfe, Homosexualität, Empfängnisverhütung, Todesstrafe).

In der Pflege kann es zu Wertekonflikten kommen, wenn die Wertvorstellungen der Patient*innen und ihrer Angehörigen zwar im Einklang mit deren persönlichen, kulturellen und religiösen Werten stehen, jedoch aus Sicht der Pflegeperson nicht akzeptiert werden können (z. B. Ablehnung von lebensnotwendigen Bluttransfusionen von Angehörigen bei den Zeugen Jehovas). Ebenso können sich bei der Pflegeperson Wertekonflikte ergeben, wenn beispielsweise die beruflichen Werte im Widerspruch mit den persönlichen Wertvorstellungen stehen, etwa wenn die Unternehmenskultur nicht mit der persönlichen Wertehaltung übereinstimmt und dadurch die eigene Pflegephilosophie unter den strukturellen Rahmenbedingungen wie Zeit- und Personalmangel nicht gelebt werden kann.

Daher ist es wichtig, Klarheit über persönliche, kulturelle und berufliche (professionsbezogene) Werte zu erlangen. Durch Selbstreflexion wird das Bewusstsein in Bezug auf persönliche Werte und spezifische Werte der Profession geschärft und ermöglicht einen kompetenten Umgang in der interdisziplinären Zusammenarbeit.

Werte ergeben sich für jeden Menschen aus seiner persönlichen Lebensgeschichte, seiner Erziehung, seiner Religion und seiner Zugehörigkeit zu einer kulturellen Gruppe. Sie leiten unser Handeln und Verhalten.

1.4 Normen

Eine Norm im moralischen oder rechtlichen Sinn ist eine festgelegte Form der Werterealisierung. Normen verwirklichen und schützen die ihnen zugrunde liegenden Werte. Moralische Normen drücken eine bestimmte Qualität des Handelns aus und schreiben ein konkretes Handeln oder Unterlassen vor. Der Einzelne muss nicht in jeder Situation erneut über grundlegende Werte nachdenken, da Normen bereits einen vorschreibenden Charakter haben (z.B. du sollst nicht lügen; du sollst nicht stehlen; du sollst anderen in Not helfen; du sollst die Patient*innen über jede Pflegehandlung informieren). Solche Normen oder Regeln bewerten Handlungen als erlaubt oder verboten, richtig oder falsch und stellen dadurch Rahmenbedingungen für ein friedliches Zusammenleben zur Verfügung. Essenzielle Normen werden in das staatliche Recht aufgenommen (vgl. Marschütz, 2009, S. 10).

Während rechtliche Normen mit konkreten gesetzlichen Strafen verbunden sind, kann die Befolgung moralischer Normen nicht durch die Staatsgewalt erzwungen werden. Dennoch bedarf es der Orientierung an moralischen Normen und der Einhaltung von Sollensregeln, um eine soziale Ordnung zu ermöglichen. Dies gilt auch für die Berufsausübung. Für den Pflegeberuf gelten erstrebenswerte Handlungsnormen in Form von Kodizes als richtungsweisend (z. B. der ICN-Ethikkodex für Pflegende). In der Ausbildung zur Gesundheits- und Krankenpflege stehen am Beginn persönliche, kulturell geprägte Werte, die mit geltenden Normen und Werten des Pflegeberufes in Berührung kommen; z. B. kann bei einer Pflegeperson, die aus Überzeugung gegen einen Schwangerschaftsabbruch eingestellt ist, die Betreuung dieser Patient*innen zu einem persönlichen Wertekonflikt führen. Dennoch darf sich dies nicht im pflegerischen Handeln niederschlagen, denn jeder Mensch hat ein Recht auf optimale und respektvolle Pflege.

Normen legen konkrete Handlungsanweisungen oder Sollensregeln fest, die sich aus anerkannten vorgegebenen Werten der Gesellschaft konstituieren.

1.5 Prinzipien

„Ein Prinzip ist eine regulative Richtlinie, welche die Bedingungen des Erlaubten, des Verpflichtenden, des Richtigen oder der erstrebten Qualität von Handlungen angibt, die in den Zuständigkeitsbereich dieses Prinzips fallen." (Beauchamp, 2005, S. 49)

Prinzipien haben ein höheres Abstraktionsniveau; sie sind die den Normen übergeordneten Orientierungspunkte. Prinzipien stellen Kriterien für gutes Handeln bereit und sind oft Ausgangspunkt ethischer Reflexion und Argumentation. Für Entscheidungsprozesse in konkreten Handlungssituationen stehen damit keine klaren Normen oder Regeln zur Verfügung – die handelnde Person muss sie in verantwortungsvoller

Weise von Prinzipien ableiten. Damit abstrakte Prinzipien auf konkrete Situationen angewendet werden können, müssen sie zu konkreten Normen und Regeln spezifiziert, d.h. praxistauglich gemacht werden (vgl. Schröder-Bäck, 2014, S. 159 f.). Zum Beispiel: Das Prinzip des Respekts vor der Autonomie muss inhaltlich zur Regel der informierten Zustimmung konkretisiert werden. Die Spezifizierung schafft eine höhere Präzisierung für die konkrete Praxis und ist für die Entscheidungsfindung unerlässlich (vgl. Beauchamp, 2005, S. 54; siehe dazu Kap. 2.4, Principlism).

Umgekehrt können konkrete Regeln oder Normen zu generellen Normen bzw. Prinzipien verdichtet zusammengefasst werden. Prinzipien wiederum können in Theorien plausibilisiert und aus ihnen hergeleitet werden (vgl. Schröder-Bäck, 2014, S. 159 f.), z. B. das Autonomieprinzip (Immanuel Kant; siehe Kap. 2.1) findet in der kantischen Ethik seine Begründung.

Theorien
(z. B. Kantische Ethik)

↕

Prinzipien
(Respekt vor der Autonomie)

↕

Normen, Regeln (z. B. in Kodizes)
(Informed Consent, selbstbestimmte Entscheidung einer Behandlung)

↕

Konkrete Regeln (z. B. in Leitlinien)
(Patient*innen dürfen nur behandelt werden, wenn sie der Behandlung nach exakter Aufklärung inkl. Wirkung und möglicher Nebenwirkungen schriftlich zugestimmt haben)

↕

Urteile und Einzelfallbewertungen
(Die Patientin XY kann behandelt werden, weil sie der Behandlung zugestimmt hat.)

Abbildung 2: Struktur der ethischen Reflexion (nach Schröder-Bäck 2014, S. 160)

Man unterscheidet zwischen **formalen** und **materialen** Prinzipien. Zu den formalen Prinzipien zählen u.a. die *Goldene Regel* und *der kategorische Imperativ*, materiale Prinzipien sind konkreter und nennen Prinzipien wie Autonomie, Fürsorge, Nichtschaden, Gerechtigkeit, Verantwortung etc.

Darüber steht die Ebene der ethischen **Theorie**, die Prinzipien begründet (siehe dazu Kap. 2).

formal
keine konkreten Werte vorgebend

material
inhaltlich

Theorie
System wissenschaftlich begründeter Aussagen zur Erklärung bestimmter Tatsachen und der ihnen zugrunde liegenden Gesetzmäßigkeiten

Immanuel Kant (1724–1804) bezieht sich in seiner Moralphilosophie auf ein oberstes formales Moralprinzip und formuliert den **kategorischen Imperativ**, den er in seiner Theorie umfassend begründet (siehe Kap. 2.1). Im Unterschied zur **Goldenen Regel** liefert der kategorische Imperativ eine Handlungsbegründung, die für alle Menschen in allen erdenklichen Situationen Gültigkeit hat. Kant sieht darin ein allgemein verbindliches Sittengesetz, das den freien Willen des Handelnden ausdrückt.

Die Goldene Regel als formales Prinzip wird in den meisten Religionen anerkannt und lässt sich ebenfalls nur freiwillig umsetzen. Eine wissenschaftliche Begründung durch eine Theorie liegt nicht vor. Aufgrund der weltweiten Bekanntheit soll die Goldene Regel hier kurz diskutiert werden.

Die Goldene Regel (Praktisches Prinzip)

Das Prinzip der Goldenen Regel ist schon seit Jahrtausenden in vielen religiösen und ethischen Traditionen der Menschheit zu finden. Die Bezeichnung Goldene Regel erhält dieser Grundsatz in der Neuzeit (Mitte des 17. Jh.). Im 18. Jh. kritisiert Kant die Goldene Regel. Ende des 19. bzw. im 20. Jh. beginnt erneut eine philosophische Auseinandersetzung mit der Goldenen Regel als Moralprinzip. Beide der nachstehenden Formulierungen weisen in philosophischen Diskussionen auch Schwachpunkte auf, weshalb Kant die Goldene Regel für ungenügend hält. Er stellt ihr den kategorischen Imperativ entgegen. Die Goldene Regel existiert in zwei Formulierungen:

Positive Formulierung: **„Behandle andere so, wie du selbst behandelt werden willst."** (Matthäus 7,12; Lukas 6,31)

Beispiel: Ich möchte respektvoll behandelt werden, daher begegne ich anderen mit Respekt.

Negative Formulierung: **„Was du nicht willst, das man dir tu, das füg auch keinem anderen zu."** (Volksmund)

*Beispiel: Weil ich keinen Schmerz erleiden möchte, füge ich auch anderen keine Schmerzen zu und bin achtsam bei Pflegehandlungen, damit sich die/der Patient*in möglichst schmerzfrei fühlen kann bzw. verabreiche ich bei Bedarf ein (verordnetes) Schmerzmittel.*

Dabei gilt es zu bedenken, dass der individuelle Wunsch bzw. das Empfinden des Handelnden nicht unbedingt auch von seinem Nächsten erwünscht sein muss und umgekehrt – manche Patient*innen erdulden große Schmerzen, ohne ein Schmerzmittel zu verlangen, z. B. weil es ihre Einstellung ist, erdulden zu müssen (religiöse Motive etc.).

Was macht die Goldene Regel dennoch so wertvoll?

Die Goldene Regel zeichnet sich durch die praktische Relevanz unseres alltäglichen Handelns aus. Auch im Projekt Weltethos (Küng, 2012) wird die Goldene Regel als kulturübergreifende Leitidee anerkannt. Sie prüft Handlungen im Licht der Idee der **Gegenseitigkeit** (Reziprozität). Sie gibt keine konkreten Normen in Form von „Du sollst ..." vor, sondern verlangt ein bestimmtes Maß an Empathie im Sinne eines Perspektivenwechsels, des Sich-Hineinversetzens in den anderen. Damit fördert die Goldene Regel nicht nur die bewusste Einfühlung in unsere Mitmenschen, sondern auch die rückbezügliche Einfühlung in sich selbst und verhilft so zur persönlichen Reflexion.

Beispiel: Weil ich möchte, dass mir in der Not geholfen wird, helfe ich auch anderen.

Die Kombination von Allgemeinwohl und Eigeninteresse bezeichnet der Philosoph Eckart Voland als „Win-win-Situation" (vgl. Bauschke, 2010, S. 11).

Die Goldene Regel wird kontrovers diskutiert, weil die subjektiven Handlungsmotive des Einzelnen nicht unbedingt auf andere übertragen werden können. Was für mich gut ist, kann nicht automatisch für den anderen als gut bezeichnet werden. Bauschke (ebd.) bezeichnet die Goldene Regel hingegen als realistisch und pragmatisch – „eine Maxime für den Normalverbraucher".

Die Goldene Regel kann als universaler Wegweiser für alle Menschen dieser Welt betrachtet werden, unabhängig von ihrer Herkunft, ihrer Rasse, ihrem Alter, ihrer Kultur, ihrem sozialen Status und ihrer Religionszugehörigkeit.

Hinduismus
Man sollte sich gegenüber anderen nicht in einer Weise benehmen, die für einen selbst unangenehm ist; das ist das Wesen der Moral.
Mahabharata XIII, 114,8

Jainismus
Gleichgültig gegenüber weltlichen Dingen sollte der Mensch wandeln und alle Geschöpfe in der Welt behandeln, wie er selbst behandelt sein möchte. *Sutrakritanga I. 11,33*

Chinesische Religion
Was du selbst nicht wünschst, das tue auch nicht anderen Menschen an. *Konfuzius, Gespräche 15,23*

Buddhismus
Ein Zustand, der nicht angenehm oder erfreulich für mich ist, soll es auch nicht für ihn sein; und ein Zustand, der nicht angenehm oder erfreulich für mich ist, wie kann ich ihn einem anderen zumuten?
Samyutta Nikaya V. 353.35/354.2

Judentum
Tue nicht anderen, was du nicht willst, dass sie dir tun.
Rabbi Hillel, Sabbat 31a

Christentum
Alles, was ihr wollt, dass euch die Menschen tun, das tut auch ihr ihnen ebenso. *Matthäus 7,12 Lukas 6,31*

Islam
Keiner von euch ist ein Gläubiger, solange er nicht seinem Bruder wünscht, was er sich selber wünscht.
40 Hadithe (Sprüche Muhammads) von an-Nawawi, 13

Abbildung 3: Goldene Regel in den Weltreligionen
(vgl. http://www.reinerjungnitsch.de/goldeneregel.PDF)

1.6 Recht

Das Recht ist eine normative Wissenschaft, indem sie durch Vorschriften menschliches Handeln anleitet. Rechtsnormen sind gesetzte, festgeschriebene Bestimmungen, die moralische Ansichten und Überzeugungen einer Gesellschaft fixieren und durch staatliche Sanktionen verbindlich machen. Dennoch kann Moral nicht durch Recht ersetzt werden, da Gesetze Spielräume offenlassen. Die Aussage „Das Recht steht auf meiner Seite" sagt noch nicht, dass eine rechtmäßige Handlung auch moralisch gerechtfertigt ist. Dadurch ergibt sich ein Zusammenhang zwischen Recht, Moral und Ethik: Die Ethik liefert eine Fundierung für Gesetze, um Ungerechtigkeit zu vermeiden.

In vielen Fällen lassen sich Rechtsnormen und moralische Normen ähnlich formulieren, wie z.B. „Du sollst nicht töten!" oder „Du sollst nicht stehlen!" Das geltende Recht kann in einer Rechtsgemeinschaft inhaltlich gesehen als ethisches Minimum ausgedrückt werden (vgl. Zsifkovits, 2004, S.61).

Ein Wertewandel kann den Ruf eines Gesetzesentwurfes oder einer Gesetzesänderung nach sich ziehen, wie z.B. das Verbot der körperlichen Züchtigung in der Kindererziehung, Schwangerschaftsabbruch (Fristenregelung), gleichgeschlechtliche Ehe etc. Die Ethik fordert somit Erweiterungen oder Korrekturen bestehender Gesetze und die Schaffung neuer Gesetze, wenn die gewandelten moralischen Überzeugungen geschützt werden müssen.

Während das Recht gerichtlich eingeklagt werden kann, wird die Missachtung moralischer Normen durch die soziale Missbilligung einer Autorität oder der Gemeinschaft bestraft (vgl. Waibl, 2004, S.26f.).

In der Pflege treten häufig ethische Fragen und Probleme auf, die sich nicht durch das Gesetz regeln lassen. Pflegerische Interventionen können durchaus der Rechtsnorm entsprechen, moralisch aber bedenklich erscheinen. Deshalb ist zum einen Rechtswissen notwendig, um den Berufsrahmen zu bestimmen, zum anderen ethisches Wissen, um auch jenen Problemen, für die das Recht keine hinreichende Regulierung bieten kann, angemessen zu begegnen, z. B. Verletzung der Intimsphäre.

Recht(snormen) sind staatlich festgesetzte Normen des Handelns und haben bei Übertretung in der Regel Konsequenzen, die historisch und national differieren. Sie werden durch die Ethik fundiert und korrigiert. Ethik, Recht und Moral stehen in ständiger Wechselwirkung zueinander.

*Beispiel Euthanasie: Aktive Euthanasie ist in den Benelux-Ländern (Niederlande, Belgien und Luxemburg) unter bestimmten Bedingungen legalisiert worden. Trotzdem kann dieses Vorgehen bei Pflegepersonen oder Ärzt*innen zu moralischen Konflikten führen.*

Tabelle 2: Begrifflichkeiten

Moral (lat. Sitte) Ethos (έθος, griech. Sitte, Gewohnheit)	**Moralität** (lat. sittliche Grundhaltung)	**Ethos** (ἦθος), griech. Charakter, Haltung, Tugend
Gesamtheit der allgemein akzeptierten Verhaltensnormen und Wertvorstellungen einer Gesellschaft oder Gruppe, die das Zusammenleben regeln	Moralität bezeichnet die Gesinnung und Einstellung sich selbst und anderen gegenüber. Das bedeutet, dass ein Mensch sein Handeln sich selbst (Gewissen) und anderen gegenüber argumentieren und verantworten kann (personale Moral)	Ethos bezeichnet häufig die Gesinnung und Tugend über eine Person hinaus als das tradierte und gelebte Berufs- oder Standesethos, wie z. B. das Ethos der Pflege, das ärztliche Ethos u. a. Es wird durch die Ausbildung und Sozialisation übernommen und unterliegt einem historischen Wandel – Ethos braucht Reflexion, damit es nicht „moralisch blind" wird

Ethik	Recht
Reflexionstheorie der Moral bzw. von menschlichem Handeln. Ethik analysiert, kritisiert, argumentiert (Handlungen, Entscheidungen), (re-)konstruiert moralische Normen und Prinzipien. Die Ethik gilt universal	Schriftliche Kodifizierung von Regeln, die das menschliche Handeln anleiten und beeinflussen, weil es eine verbindliche Setzung ist. Dem Gesetz kann man rein äußerlich aus Angst vor Bestrafung und ohne innere Überzeugung Folge leisten

Nachstehende Fallgeschichte beschreibt die moralische Erfahrung einer Pflegeperson. Dies soll veranschaulichen, dass ethische Fragen die tägliche Pflegepraxis betreffen und nicht nur in besonderen Grenzsituationen des Lebens aufbrechen.

1.7 Zur Reflexion

Fallbeispiel: Herr Wieler

Herr Wieler, 66 Jahre, wurde vor vier Tagen mit der Diagnose mechanischer Ileus aufgenommen. Es erfolgte eine sofortige Operation, bei der ein Tumor des Rectums entfernt und ein endständiges Stoma angelegt wurde. Der bisherige postoperative Verlauf gestaltet sich ohne Komplikationen. Herr Wieler weiß, dass er heute über den histologischen Befund und das weitere Vorgehen aufgeklärt wird. Die ganze Nacht über war Herr Wieler wach und grübelte über Fragen wie Chemotherapie, Familie, persönliche Zukunftsperspektiven, Leid, Schmerz und Sterben.

Pflegeperson A informiert sich vor der Pflegerunde anhand der Pflegedokumentation über die geplanten Pflegemaßnahmen. Laut Pflegeplanung sind am Vormittag folgende Pflegemaßnahmen durchzuführen: Mobilisierung, Dusche inkl. Haarwäsche, Rasur, Mund- und Zahnpflege, Hautpflege mit Körperlotion.

Als Pflegeperson A das Zimmer betritt und Herrn Wieler begrüßt, merkt sie, dass er sehr müde und bedrückt wirkt. Daraufhin setzt sie sich zu ihm ans Bett und fragt nach seinem Befinden. Herr Wieler erzählt ausführlich über seine Befürchtungen, Sorgen und Ängste. Pflegeperson A nimmt sich Zeit, hört zu und fragt nach – sie lässt ihn reden. Aus Zeitgründen kann nur noch eine minimale Pflege am Waschbecken durchgeführt werden. Danach lässt sie Herrn Wieler ruhen, er schläft ein.

Am Ende der vorgesehenen Pflegesequenz zeichnet Pflegeperson A im Durchführungsnachweis die erledigten Pflegemaßnahmen ab, ein großer Teil bleibt offen. Bei der Übergabe am Dienstende wendet Pflegeperson B ein: „Muss ich deine Arbeit auch mitmachen? Jetzt habe ich noch weniger Zeit für meine Patienten! Was hast du die ganze Zeit gemacht? Es fehlen noch die Dusche, Haarwäsche, Rasur und Hautpflege. Unser Auftrag ist es, alle geplanten Maßnahmen durchzuführen – wo kämen wir da hin, wenn sich keiner daran hält!"

Am Heimweg ist Pflegeperson A verunsichert und fragt sich: „Habe ich etwas falsch gemacht? Was hätte ich besser machen können?"

Reflexionsfragen zum Fallbeispiel:

- Worin ist die moralische Unsicherheit von Pflegeperson A begründet? Welche Wertkonflikte stellen sich für sie?
- Welche Tugenden, Werte und Normen sind für die Pflegepersonen A und B handlungsleitend?
- Welche rechtlichen und ethischen Normen kommen in dieser Situation zum Tragen? Wie lassen sich das rechtlich Richtige und das ethisch Gute in Beziehung setzen?

Zum Nachlesen

Düwell, Marcus/Hübenthal, Christoph/Werner, Micha H. (Hg.) (^{3}2011): Handbuch Ethik. Stuttgart, Weimar: J. B. Metzler.
Das übersichtlich strukturierte Handbuch bietet dem Leser eine schnelle und zugleich fundierte Orientierung über eine Vielzahl von ethischen Grundbegriffen (z. B. Freiheit, Verantwortung u. a.).

Lay, Reinhard (^{2}2012): Ethik in der Pflege. Ein Lehrbuch für die Aus-, Fort- und Weiterbildung. Hannover: Schlütersche.
Dieses umfassende Werk bietet in Kap. 2: „Allgemeine Ethik" eine Vertiefung zu den Grundbegriffen der Ethik und erläutert ihre Ziele, Aufgaben und Funktionen.

2 Grundlegende Theorien und Ansätze ethischer Urteilsbildung

In diesem Kapitel werden unterschiedliche traditionelle sowie neuere Begründungsverfahren der Ethik dargelegt, die für die Pflegeethik besondere Bedeutung haben.

Im Alltag werden moralische Handlungen subjektiv bewertet und können einer objektiven Beurteilung meist nicht standhalten. Ethische Entscheidungen sollen nicht „aus dem Bauch heraus" getroffen oder bloß nach subjektiver Einschätzung begründet werden, sondern erfordern eine systematische Reflexion und ethisch fundierte Argumentation.

Ethische Begründungsverfahren bieten allgemeingültige Theorien und Ansätze zur Reflexion eigener Handlungsmuster. Sie helfen uns, unterschiedliche Aspekte eines ethischen Problems sichtbar zu machen und zu verstehen, welche ethischen Werte, Normen, Prinzipien oder Tugenden (Haltungen) zur Diskussion stehen.

Die traditionellen Theorien ethischer Normbegründung lassen sich in unterschiedliche Grundrichtungen einteilen:

- nach einem (formalen) Prinzip oder moralischen Gesetz, dem sich der/die Handelnde verpflichtet, daher deontologische Ethik genannt. Dazu zählt u. a. die kantische Ethik.
- nach einem als gut bestimmten Ziel, daher teleologische Ethik; Aristoteles bezeichnet das erstrebte Ziel als *eudaimonia*, das gute Leben. Eine weitere teleologische Ethik stellt u. a. der Utilitarismus dar, der ausschließlich an den Konsequenzen bzw. am sozialen Nutzen einer Handlung für das allgemeine Wohlergehen orientiert ist.

griech. *déon* = Pflicht

griech. *télos* = Ziel

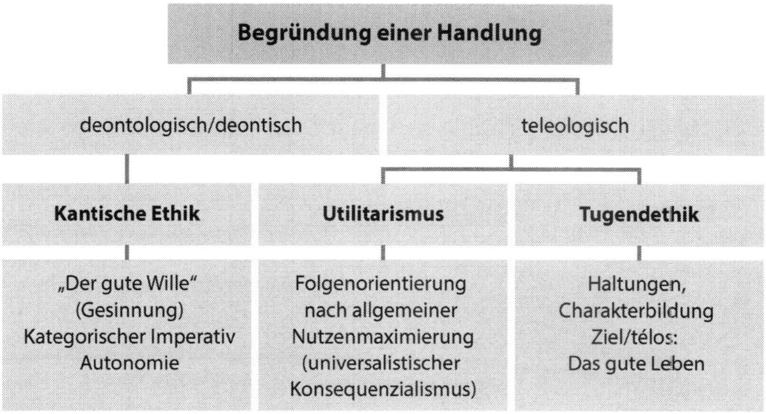

Abbildung 4: Begründung einer Handlung

Die **kantische Ethik** als deontologische Ethik gibt für das handelnde Subjekt eine bestimmte Pflicht, ein Prinzip oder moralisches Gesetz vor und versucht, den universal verbindlichen Grundsatz und dessen Geltungsgrund zu sichern, unabhängig von den zu erwartenden Folgen bzw. Konsequenzen. Es geht um die Frage nach dem moralisch **richtigen und gerechten** Handeln: Was soll ich tun?

Der **Utilitarismus** (teleologische bzw. konsequenzialistische Ethik) dagegen beurteilt eine Handlung, Regel, Norm ausschließlich danach, wie gut bzw. schlecht ihre Folgen oder Konsequenzen für das **Wohl der Allgemeinheit** sind oder wie groß der Nutzen einer Handlung für die Allgemeinheit ist. Was ist das größtmögliche Glück für die größtmögliche Zahl?

Die **aristotelische Tugendethik** (teleologische Ethik, Strebensethik) orientiert sich in der ethischen Bewertung an der charakterlichen Haltung der handelnden Person. In der Antike wurden das moralisch Gute als das höchste Ziel und das Richtige zusammen berücksichtigt. Die zentrale Frage der Tugendethik lautet: Wie soll ich mein Leben als Ganzes leben? (Pauer-Studer, 2010, S. 12 f.)

Die eine ethische Urteilsbegründung gibt es nicht. Es existieren vielfältige ethische Ansätze, die unterschiedliche moralische Handlungsweisen vertreten. Faktum ist, dass ein Ansatz alleine keine befriedigende Antwort auf die Gesamtheit ethischer Fragestellungen liefert. Im Pflegealltag hängt die Wahl des ethischen Begründungsansatzes von der Art des ethischen Problems ab. So bedient man sich z. B. bei Fragen nach dem richtigen Umgang mit Patientenaufklärung oftmals der Pflichtethik, bei Fragen der Beziehungsgestaltung im Umgang mit Patient*innen auf tugendethische Argumente und wenn es um Fragen der Gerechtigkeit (z. B. Verteilung knapper Güter) geht, bezieht man sich häufig auf konsequenzialistische Ethiktheorien (vgl. Monteverde, 2012, S. 22).

2.1 Kantische Ethik

Die kantische Ethik ist die wohl bekannteste deontologische Ethik (Pflichtethik) und sieht die innerliche Bindung an moralische Pflichten als das Wesen der Moral an. Die Pflichtethik besagt, dass es Pflichten gibt, die jeder Mensch erfüllen soll. Der moralische Gehalt einer Handlung wird von der Gesinnung bzw. Absicht, die einer Handlung zugrunde liegt, beurteilt. Dies bedeutet: Ob eine Handlung gerecht bzw. moralisch richtig oder falsch ist, hängt von der Handlung an sich und nicht von den Handlungsfolgen ab (z. B. ein Versprechen ist zu halten, unabhängig von den Folgen).

Immanuel Kant (1724–1804), der wohl bedeutendste Philosoph der deutschen Aufklärung, geht davon aus, dass jeder moralischen Handlung die Einsicht in das ethisch Richtige verpflichtend vorangeht. Der Mensch ist jedoch kein reines *Vernunftwesen*, sondern auch ein mit Trieben, Begierden und Leidenschaften ausgestattetes *Naturwesen*. Daher werden unsere Handlungen weitgehend von unseren Neigungen und

Bedürfnissen angetrieben. Diese fließen nach Kant in subjektive Prinzipien des Handelns ein, nach welchen der Mensch sein Handeln ausrichtet. Kant nennt diese Handlungsprinzipien Maximen. Dem Handeln aus Selbstinteresse tritt die Stimme der Vernunft als moralische Pflicht gegenüber. Während ein hungriger Wolf seinem Instinkt folgt und ein schwächeres Tier reißt, kann der Mensch die Gesetze der Natur überwinden und ist dadurch zu moralischem Handeln aufgefordert. Er besitzt die Freiheit, sich selbst ein Gesetz zu geben. Diese Freiheit zur Selbstbestimmung, durch die moralisches Handeln erst möglich wird, nennt Kant *Autonomie.*

„Sapere aude" – „Habe Mut, dich deines eigenen Verstandes zu bedienen!" (Wahlspruch der Aufklärung, 16./17. Jh.)

Immanuel Kant wurde 1724 in Ostpreußen geboren und hat seinen Geburtsort Zeit seines Lebens nie verlassen. Er wuchs unter kleinstbürgerlichen Verhältnissen auf. Mit 16 Jahren begann er Mathematik, Philosophie, Naturwissenschaften und Theologie zu studieren.

Er wirkte in der Zeit der Aufklärung und hatte eine Professur in Königsberg. Kant verfasste bedeutende Werke, die bis heute die westliche Welt tiefgreifend beeinflussen.

In **„Kritik der reinen Vernunft"** (1781) geht es um das metaphysische Erkenntnisvermögen des menschlichen Geistes, in **„Kritik der praktischen Vernunft"** (1788) befasst er sich mit dem moralischen Handeln und formuliert den **kategorischen Imperativ** als oberstes Moralprinzip. Die praktische Vernunft bezieht Kant auf handlungsbezogenes Denken, d.h. der Wille und das praktische Handeln sind nach Kant durch ein Vernunftgesetz bestimmbar. Mit dem Motiv der Achtung der Person des anderen legt er den Grundstein für die Formulierung der Menschenrechte, indem er die Definition der Menschenwürde begründet.

Die wichtigsten Werke Kants zur Ethik im Detail sind: **„Grundlegung zur Metaphysik der Sitten"** (1785), **„Kritik der praktischen Vernunft"** (1788) und **„Metaphysik der Sitten"** (1797).

Grundfrage: Kant geht der Frage nach: Was motiviert uns zum guten Handeln? Er findet die Antwort darin, dass „allein ein guter Wille" (Kant, GMS, BA 1,2) zu rechtem Handeln motiviert. Bei Kant sind nicht schon die Talente eines Menschen gut, sondern der Wille bestimmt erst den Charakter. Gute Eigenschaften eines Menschen sind nicht an sich gut, sondern hängen allein davon ab, was der Mensch daraus macht. Er kann daher nur bedingt als gut erkannt werden. So kann z. B. Klugheit auch für raffinierte Verbrechen eingesetzt werden. Erst wenn Naturgaben von einem guten Willen gelenkt werden, sind sie auch als gut zu betrachten. Daher hat der vernunftbegabte Mensch die Pflicht, sich immer wieder für das als moralisch richtig Erkannte zu entscheiden. Genau diese Verbindlichkeit nennt Kant Pflicht. „Pflicht ist die Notwendigkeit einer Handlung aus Achtung fürs Gesetz."[3] (Kant, GMS, BA 14)

Ethische Handlungsbegründung: An dieser Stelle differenziert Kant im Handeln zwischen „pflichtgemäß" und „aus Pflicht". Mit pflichtgemäß meint er, dass eine Handlung zwar nach außen moralkonform erscheint, jedoch in selbstsüchtiger Absicht oder aus Bequemlichkeit geschieht. *Beispiel: Wenn ich für eine pflegebedürftige alte Frau nur deshalb den Einkauf erledige, weil sie mir dafür jedes Mal ein großzügiges Trinkgeld gibt, handle ich zwar nach außen hin pflichtbewusst, meine Gesinnung ist aber bloß eigennützig und damit schlecht.*

Dagegen ist eine Handlung aus Pflicht frei von selbstsüchtiger Absicht und erfolgt allein aus Achtung für das *moralische Gesetz*, das sich der gute Wille nach kritischer Prüfung selbst gibt. Dies ist etwa der Fall, wenn ich einer hilfsbedürftigen Frau über die Straße helfe oder den Einkauf erledige, ohne eine eigennützige Erwartung zu hegen. Wenn ich dagegen jemandem nur helfe, weil mir die Person sympathisch ist, so ist dies wiederum nur pflichtgemäßes Handeln bzw. Handeln aus Neigung. Pflicht

---

3 Mit Gesetz meint Kant das moralische Gesetz, das sich der Mensch selbst auferlegt (Autonomie).

und Neigung können aber auch zusammenfallen. Ebenso gut ist mein Handeln, wenn ich das Gute mit Vorliebe tue, weil ich mit der betreffenden Person befreundet bin oder sie mir einfach sympathisch ist. Erst das Handeln aus Pflicht bezeichnet Kant als Moralität.

Für Kant besteht Pflicht also darin, dass der Mensch, der zur freien Willensentscheidung fähig ist, sein Handeln nach eigenen Vernunftgründen bestimmt, d. h. sich selbst das moralische Gesetz gibt (Autonomie). Dieses Gesetz muss **unbedingt** gelten und **universal,** d. h. für alle Menschen gleichermaßen gültig sowie **widerspruchsfrei** sein. Es kann dem freien Willen nicht von außen auferlegt werden, da er sonst nicht frei, sondern fremdbestimmt (heteronom) wäre. Daher muss sich der freie Wille jenes Gesetz selbst geben, nach dem er unabhängig von sinnlichen Antrieben (Begierden, Neigungen und Leidenschaften) handelt. Bei Kant werden nur Handlungen aus gutem Willen als moralisch gut beurteilt.

Autonomie
griech. *autonomia; autós* (selbst), *nómos* (Gesetz); dt.: Selbstgesetzgebung, Selbstbestimmung, Eigengesetzlichkeit

Pflichtbegriff bei Kant
Kant meint mit **Pflicht** nicht das unreflektierte Befolgen von äußeren Normen, Regeln und Gesetzen, sondern dass der Mensch jenem Gesetz folgt, das er selbst nach kritischer Prüfung als das moralisch Richtige erkannt hat und das verallgemeinert werden kann.

„Was soll ich tun?" lautet die zentrale Frage der Ethik Kants. Er hat es sich zum Ziel gesetzt, ein **oberstes moralisches Prinzip** zu begründen, das für alle Menschen und in allen erdenklichen Situationen Gültigkeit hat. Dieses Prinzip nennt er **kategorischer Imperativ**. Es stellt für Kant das allgemein verbindliche Sittengesetz dar und drückt den freien Willen aus.

Kategorischer Imperativ = Gebot der Sittlichkeit

lat. *categoricus* = unbedingt gültig, widerspruchslos
Imperativ = lat. Aufforderung, Befehl, Gebot (bei Kant sind Imperative Sollenssätze)
Der **kategorische Imperativ** gilt unbedingt und unter allen Umständen. Er bewertet die gute Handlung an sich, unabhängig von Folgen und Zweck

Oberstes Moralprinzip
Höchste Prinzipien gelten unbedingt und uneingeschränkt für alle sowie universal, d. h. sie sind nicht nur für den Einzelnen oder für eine bestimmte Gruppe oder bestimmte Situationen gültig; z. B. Kants kategorischer Imperativ

Maxime
Handlungsgrundsatz, Leitsatz; Maximen haben gewissen Allgemeinheitswert, sie sollen aber nicht nur für Situationen, sondern für das ganze Leben anwendbar sein. Maximen im Sinne einer allgemeinen Regel gelten für alle vernünftigen Wesen, nicht nur für eine bestimmte Gruppe oder einzelne Personen

Der **hypothetische Imperativ** besagt, dass man bestimmte moralische Anforderungen erfüllen muss, wenn man selber moralisch behandelt werden will. Er gilt nur bedingt, sofern mit bestimmten Mitteln die individuellen Ziele erreicht werden. Zweck-Mittel-Beziehung (wenn …, dann …)

Kant unterscheidet zwischen kategorischem Imperativ und hypothetischen Imperativen.

Der **kategorische Imperativ** prüft subjektive **Maximen** daraufhin, ob sie dem Verallgemeinerungstest standhalten (formales Prüfverfahren). **Hypothetische Imperative** dagegen beziehen sich bloß auf die Mittel für die Verwirklichung eigener Glücksvorstellungen (Zweck-Mittel-Relation).

Der kategorische Imperativ drückt sich als allgemeines Sittengesetz in fünf Formeln (drei Hauptformeln und zwei Unterformeln) aus, wobei besonders die Verallgemeinerungsformel und die Selbstzweckformel für die Pflege von Bedeutung sind.

Verallgemeinerungsformel: **„[H]andle nur nach derjenigen Maxime, durch die du zugleich wollen kannst, dass sie ein allgemeines Gesetz werde."**

(Kant, GMS, BA 52) Demnach ist eine Handlung dann als moralisch richtig zu bezeichnen, wenn sie aus einer guten Gesinnung heraus erfolgt und als allgemeines Gesetz formuliert werden kann, d.h. wenn jeder vernünftige Mensch diesem Gesetz zustimmen könnte.

In einer weiteren Formel, der sogenannten *Selbstzweckformel,* weist Kant darauf hin, dass der Mensch keine Sache, sondern selbst Zweck der Handlung ist und niemals nur als Mittel für die Erreichung anderer Ziele missbraucht werden darf.

Selbstzweckformel: **„Handle so, dass du die Menschheit, sowohl in deiner Person, als in der Person eines jeden andern, jederzeit zugleich als Zweck, niemals bloß als Mittel brauchest."** (Kant, GMS, BA 67)

Der Mensch existiert als Zweck-an-sich-selbst und „hat nicht bloß einen relativen Wert, d.i. einen Preis, sondern einen inneren Wert, d.i. Würde" (Kant, GMS, BA 78). Sie ist nach Kant darin begründet, dass der Mensch als vernunftbegabtes Wesen in der Lage ist, sich selbst Zwecke zu setzen (selbstbestimmt zu entscheiden). Deshalb handelt eine Person der Menschenwürde zuwider, wenn sie einen anderen Menschen ohne seine Zustimmung bloß als Mittel für eigene Zwecke gebraucht, ihn instrumentalisiert.

Würde bedeutet bei Kant personale Würde, die im Wesen einer Person selbst begründete menschliche Eigenschaft.

Für Kant gilt die absolute Achtung vor dem anderen als oberste Pflicht.

Die kantische Ethik spielt auch eine bedeutende Rolle in der philosophischen Diskussion um die Menschenwürde und die Menschenrechte, insbesondere in der Forschung am Menschen.

Die **kantische Ethik** bemisst die moralische Qualität des Handelns nach dem Motiv der Handlung. Dabei gilt der gute Wille als moralisch wertvoll und drückt sich als die selbst auferlegte Pflicht zum guten Handeln gemäß dem kategorischen Imperativ aus.

Nachstehende Beispiele verweisen auf eine Verletzung der Menschenwürde:

*Beispiel Arzneimitteltestung: Eine Arzneimitteltestung am Menschen mit dem Ziel, andere zu heilen, ohne vorher den/die Patient*in informiert und ihre Zustimmung eingeholt zu haben, ist nach Kant als verwerflich zu beurteilen. Nach Kant darf ein Mensch niemals bloß als Mittel für die Erreichung von Interessen anderer instrumentalisiert werden.*

Die kantische Ethik wird in Fachkreisen kontrovers diskutiert.

Tabelle 3: Stärken und Schwächen der kantischen Ethik

Kantische Ethik	
+ Einfache Anwendung des Verallgemeinerungsverfahrens. Meine Handlung wird dann als sittlich anerkannt, wenn ich widerspruchsfrei wollen kann, dass jeder in meiner Situation nach meiner Maxime handelt – Universalisierbarkeit + Die absolute Unantastbarkeit der Menschenwürde, die im aktuellen Kontext aktueller ethischer Probleme relevant ist	– Fehlen einer inhaltlichen Begründung von Kriterien und Regeln; dies verursacht Schwierigkeiten bei der praktischen Anwendung in komplexen Konfliktsituationen – Bewertung der momentanen moralischen Qualität; Handlungsfolgen bleiben bei der moralischen Beurteilung einer Handlung unberücksichtigt

2.2 Utilitarismus

lat. *utilitas* = Nützlichkeit, Glück, Vorteil, Wohl

Der Utilitarismus bezeichnet die bekannteste konsequenzialistische Theorie und hat ausschließlich die Folgen bzw. Konsequenzen einer Handlung oder Regel im Blick. Sie bestimmen maßgeblich die moralische Qualität einer Handlung. Die Handlungsabsicht ist nicht relevant. Der Utilitarismus wurde im 18. Jahrhundert von dem britischen Philosophen **Jeremy Bentham** (1748–1832) begründet und von **John Stuart Mill** (1806–1873) weiterentwickelt und modifiziert. Diese Denkrichtung ist vor allem im angelsächsischen Raum stark vertreten, insbesondere in der Bio- und Medizinethik. Als klassische Gegenposition zur kantischen Ethik, in der das Prinzip der Freiheit und Men-

John Stuart Mill (1806–1873) wurde als Sohn des radikalen Utilitaristen James Mill in London geboren. Er erhielt eine strenge Erziehung. Im Alter von 12 Jahren begann er, sich mit den Fachgebieten Ethik, Logik, Nationalökonomie und Metaphysik und bald danach mit politischer Ökonomie zu beschäftigen. Als 14-Jähriger reiste er nach Frankreich, wo er Vertreter des französischen Liberalismus kennenlernte und sich für die Ideale der Revolution von 1789 begeisterte.

Als er 1821, wieder zurück in England, auf Benthams Schriften traf, wurde er Anhänger des Nützlichkeitsprinzips. Mill gründete die „Utilitaristische Gesellschaft", deren Mitglieder ethische und gesellschaftspolitische Fragen diskutierten.

Mill wurde von heftigen Depressionen heimgesucht, die auch sein Denken beeinflussten. Freie Entwicklung und Entfaltung der Persönlichkeit war für ihn von großer Bedeutung.

1865–1868 war er Mitglied der Liberalen Partei im Unterhaus und setzte ökonomische Reformen durch, wie politisches Mitwirkungsrecht aller Bürger, soziale Mindestabsicherung, Verwirklichung von Frauenrechten und die Einführung des Wahlrechts für Frauen im Jahr 1866. Mill war durch seine Frau Harriet, eine „radikale Linksintellektuelle", in seinen Gedanken und seinen Werken stark beeinflusst.

Seine zentralen Werke waren: **„On Liberty"** („Über die Freiheit", 1859) und **„Utilitarism"** („Der Utilitarismus", 1861). Sie galten als seine Hauptwerke in der Moralphilosophie.

schenwürde an oberster Stelle steht, orientiert sich dieser Ansatz an der allgemeinen Nutzenmaximierung (Kosten-Nutzen-Rechnung). Der Utilitarismus bemisst ausschließlich nach der Nutzensumme und vernachlässigt dabei Fragen der Nutzenverteilung. Das Problem liegt in der Verteilungsgerechtigkeit, vor allem wenn es um die Verteilung begrenzter Ressourcen geht, z. B. Allokation von Organen, Leistungsverteilung innerhalb der öffentlichen Gesundheitsversorgung etc. (vgl. Marckmann, 2015, S. 7).

Nach Bentham zählt jeder Mensch gleich viel und alle Menschen streben nach Lust und Freude und nach der Vermeidung von Unlust und Leid. Er formulierte den wesentlichen ethischen Grundsatz als **„das Prinzip des größten Glücks der größten Zahl"**. Dies bedeutet: Nicht das Wohl des Einzelnen steht im Vordergrund, sondern das Wohl aller bzw. der Mehrheit der Betroffenen (Sozialprinzip: Utilitaristen waren Sozialreformer gegen den Egoismus). Dieses größte Glück der größten Zahl drückt sich in der Maximierung von Glück, Freude, Lust oder Wohl und der Minimierung von Unlust, Schmerz oder Leid aus (quantitativer Hedonismus).

Mills ethischer Grundgedanke lautet: „Die Auffassung, für die die Nützlichkeit oder das Prinzip des größten Glücks die Grundlage der Moral ist, besagt, dass Handlungen insoweit und in dem Maße moralisch richtig sind, als sie die Tendenz haben, Glück zu befördern, und insoweit moralisch falsch, als sie die Tendenz haben, das Gegenteil von Glück zu bewirken. Unter *Glück* ist dabei Lust und das Freisein von Unlust, unter *Unglück* Unlust und das Fehlen von Lust verstanden." (Mill, 2014, S. 23 f.)

Entgegen Benthams Sichtweise unterscheidet Mill im Glücksbegriff höhere (geistige, moralische) und niedrigere (körperliche, sinnliche) Lüste. Nach Mill sind Handlungen, die mit Vernunft und Empathie erfolgen, wertvoller als sinnliche Begierden. Mills berühmter Ausspruch dazu: „Es ist besser, ein unzufriedener Mensch zu sein als ein zufriedenes Schwein; besser ein unzufriedener Sokrates als ein zufriedener Narr." (Mill, 2014, S. 23)

Innerhalb des Utilitarismus werden zwei Varianten unterschieden:

Der **Aktutilitarismus** bewertet jede einzelne *Handlung* nach dem größten Gesamtnutzen für alle Betroffenen. Demgegenüber richtet sich die ethische Bewertung des **Regelutilitarismus** nach bewährten *Regeln* mit deren größtmöglichem Nutzen, d. h. eine Handlung ist dann richtig, wenn die Regel bei allgemeiner Befolgung einen maximalen Gesamtnutzen erzielt. Es geht also um Regeln, die für ein förderliches Zusammenleben der Mitglieder einer Gesellschaft notwendig sind, z. B. Tötungsverbot, Lügenverbot u. a. (vgl. Pauer-Studer, [2]2010, S. 40 f.). Der Unterschied des Regelutilitarismus zu Kants Pflichtethik liegt darin, dass es dem Regelutilitarismus immer um das „größte Glück der größten Zahl" geht. Eine mögliche Schwäche des Regelutilitarismus ist, dass in Extremfällen das Wohl des Einzelnen zugunsten des Gesamtnutzens geopfert wird.

Als eine Stärke des Utilitarismus kann die Orientierung an der Verminderung von Leid angesehen werden. So liefert der Utilitarismus z. B. eine Begründung für eine adäquate Schmerztherapie. Auch der Ethikkodex für Pflegende verweist auf die Linderung von Leiden (siehe Präambel, ICN-Ethikkodex in Kap. 3.1.2).

Die Ausrichtung des Utilitarismus an empirischen Gegebenheiten (Leid, Schmerz, Freude, Lust), an denen moralische und rechtliche Normen gemessen werden können, hat erheblich zu deren Rationalisierung beigetragen. Utilitaristen haben sich u. a. für die Aufhebung grausamer Strafen, für die Armutsbekämpfung sowie für leidensfähige Tiere (Tierethik) eingesetzt. Der Utilitarismus spielt eine bedeutende Rolle in existenziell bedrohlichen Situationen, z. B. Triage bei Katastrophen oder Isolation einzelner Menschen bei Epidemien.

Während im klassischen Utilitarismus die Parameter „Lust" und „Unlust", „Freude" und „Leid" oder „Glück" und „Unglück" der Mehrheit entscheidend sind, orientieren sich zeitgenössische Versionen des Utilitarismus in ihrer Bestimmung des Nutzens an der maximalen Erfüllung von Präferenzen (Interessen). Der Nutzen bezieht sich auf die größtmögliche Präferenzerfüllung für alle bzw. möglichst viele.

Als bekanntester Vertreter des sogenannten **Präferenzutilitarismus** (Interessenutilitarismus) im Bereich der Bioethik ist der vor allem wegen seiner Thesen zur Euthanasie nicht unumstrittene australische Philosoph und Bioethiker **Peter Singer** zu nennen. Nach Singer bilden nicht mehr sinnliche oder geistige Lüste, sondern Präferenzen (Interessen) die Bewertungskriterien einer moralischen Handlung. Demnach wird eine Handlung dann als moralisch richtig beurteilt, wenn sie die Präferenzen der Betroffenen maximiert. Dabei zählt nicht bloß die Befriedigung der Interessen einer einzelnen Person, sondern Singer fordert, jene Handlung zu wählen, die insgesamt für alle Betroffenen die besten Konsequenzen verwirklicht:

Peter Singer (geb. 1946); Professor am Center for Human Values der Princeton University

Werke: u. a. **„Practical Ethics"** („Praktische Ethik", 1979); **„Animal Liberation"** („Animal Liberation. Die Befreiung der Tiere", 1975) gilt als Klassiker der Tierethik; Singer leistete damit einen wesentlichen Beitrag zur Begründung der Tierrechtsbewegung. Er tritt für die Gleichbehandlung aller leidensfähigen Wesen ein und fordert die Abschaffung der industriellen Nutztierhaltung

„Also muss ich nun anstelle meiner eigenen Präferenzen die all der anderen berücksichtigen, die von meiner Entscheidung betroffen sind. Wenn es nicht irgendwelche weiteren ethisch relevanten Gesichtspunkte gibt, wird mich das dazu bringen, sämtliche vorhandenen Präferenzen abzuwägen und jenen Handlungsverlauf zu wählen, von dem es am wahrscheinlichsten ist, dass er die Präferenzen der Betroffenen weitgehend befriedigt. Also verweist die Ethik (…) in Richtung des Handlungsverlaufs, der per saldo für alle Betroffenen die besten Konsequenzen hat." (Singer, ³2013, S. 40)

Als Minimalkriterium für das Vorliegen von Interessen begründet Singer in seinem Buch „Praktische Ethik" die Leidensfähigkeit, die nicht nur Menschen, sondern allen Lebewesen zu eigen ist. Singer zufolge gibt es Personen, die keine Menschen sind (z. B. höher organisierte Tiere), und umgekehrt Menschen, die keine Personen sind. Demnach gelten beispielsweise Föten, Menschen im Wachkoma oder im Endstadium der Demenz nicht als schützenswert, weil sie nach Singers Kriterien kein Bewusstsein und damit keine Interessen haben können. Singer bewertet Menschen und Tiere gleichermaßen nach ihren kognitiven Fähigkeiten und hält es für verwerflicher, einen gesunden Schimpansen zu töten als einen geistig schwer behinderten Säugling. Damit ist der Zusammenhang von Mensch und Person aufgehoben. Singer gilt als wesentlicher Begründer der modernen Tierrechtsbewegung.

Aus der Position Singers heraus ist die Tötung eines Wesens, das über Zukunftspräferenzen verfügen kann, als verwerflich zu beurteilen. Dagegen sieht er die Tötung (Sterbehilfe) behinderter Neugeborener als moralisch unbedenklich, ja sogar moralisch geboten an, da sie „eine Bedrohung für das Glück der Eltern und anderer Kinder, die sie vielleicht haben", bedeuten (Singer ³2013, S. 290).

Im **Utilitarismus** bemisst sich die moralische Qualität des Handelns nach dem größten Nutzen für möglichst viele Menschen.

Auch der Utilitarismus lässt Stärken wie Schwächen erkennen:

Tabelle 4: Stärken und Schwächen des Utilitarismus

Utilitarismus	
+ Einfache und klare Struktur macht die Überprüfung von moralisch richtigen oder falschen Handlungen plausibel + Die Anwendung von rationalen, nachvollziehbaren Methoden und der Bezug zu inhaltlichen, konkreten Werten + Großes Augenmerk wird auf die zu erwartenden Folgen (Konsequenzen) gelegt – Nutzenmaximierung + Orientierung an empirischen Gegebenheiten (Leid, Schmerz) und Interessen der Menschen, z. B. der Kampf der Utilitaristen für die Aufhebung grausamer Strafen, der Armutsbekämpfung, für Frauenrechte (Wahlrecht), für leidensfähige Tiere. Der Utilitarismus spielt in bedrohlichen Situationen eine bedeutende Rolle, z. B. Triage bei Katastropheneinsätzen, Isolation Einzelner bei Epidemien	– Es bleibt ungeklärt, wie das Ziel, das „größte Glück" unterschiedlicher Individuen, gedeutet werden soll. Demnach zeigt sich dieser Ansatz als rein subjektivistisch – „Gute" Folgen sind oftmals nur durch „schlechte" Mittel erreichbar. Zudem sind Folgen und Nebenfolgen beim Nutzenkalkül nie völlig voraussehbar – Der Utilitarismus berücksichtigt ausschließlich die Nutzensumme, aber nicht die Nutzenverteilung und vernachlässigt damit einen wesentlichen Aspekt der Moral, die Verteilungsgerechtigkeit. (Instrumentalisierung der einzelnen Menschen zugunsten der Nutzenmaximierung; Einzelinteressen werden zugunsten einer größeren Zahl vernachlässigt) – Personen werden zu Nutzenträgern reduziert und dies kann die Missachtung der Menschenwürde und von Menschenrechten bewirken

2.3 Tugendethik

Die Tugendethik stellt die charakterliche Haltung der handelnden Person ins Zentrum ethischer Bewertung. Im Mittelpunkt steht die Frage: Welche Person will ich sein?

Aristoteles, der Begründer der Tugendethik, geht davon aus, dass jeder Mensch nach einem „Guten" strebt. Daher wird die aristotelische

Tugendethik mit der zentralen Frage „Wie soll ich leben?" auch als Strebensethik bezeichnet. Im Verständnis der klassischen Ethik ist Tugend eine erworbene Haltung, die zu gutem Handeln qualifiziert. Nach Aristoteles besteht das Ziel der Ethik darin, einen guten, d. h. tugendhaften Charakter zu erwerben. Zu den wesentlichen Merkmalen des ethisch Guten gehört nach der antiken Tugendethik die soziale Dimension der menschlichen Existenz. Dies erfordert die bewusste Formung charakterlicher Anlagen.

In seinem Werk „Nikomachische Ethik" geht Aristoteles der Frage nach, was das Gute sei, nach dem alle Menschen streben. Die Antwort findet er in der **Glückseligkeit** *(eudaimonia)* als höchstem Ziel, dem Endziel allen menschlichen Strebens. Dabei meint Aristoteles nicht das Zufallsglück, sondern jene Glückseligkeit, die „wir stets wegen ihrer selbst und niemals wegen eines anderen willen" suchen. (Aristoteles, NE I, 1097a, 35–37, 1097b, 1–2) Die Eigenschaft des vollkommen Guten muss selbstgenügsam sein, d. h. die Glückseligkeit ist ein Zustand, der nicht gesteigert werden kann und das Endziel des Handelns darstellt (vgl. Aristoteles, NE I, 1097b, 7–20).

Glück
Der antike Glücksbegriff ist nicht das heutige Zufallsglück, sondern bedeutet das Endziel eines gelungenen Lebens, nach dem der Mensch streben soll, um sich als glücklicher Mensch bezeichnen zu können

Dieses höchste Gut, das im „Gut-Leben" wie im „Gut-Handeln" erworben wird, versucht er über die Tugenden näher zu bestimmen.

Die **Tugend** ist eine Haltung, die mit der Fähigkeit verbunden ist, eine Entscheidung zu treffen, die nach Aristoteles auf die Mitte von zwei Extremen zielt.

Tugend
durch Übung erworbene Haltung, wodurch der tugendhafte Mensch die Fähigkeit erlangt, in der jeweiligen Situation des ethisch Gute und Richtige zu tun.

Aristoteles (384–322 v. Chr.), einflussreichster Philosoph der Antike.

In seinem bekanntesten Werk **„Nikomachische Ethik"** begründete er seine Tugendlehre auf vernunftgeleiteter Freiwilligkeit.

Aristoteles wurde 384 v. Chr. in Stageria (Nordosten Griechenlands) als Sohn des Leibarztes vom makedonischen Königshof geboren. Er lebte und wirkte in einer Zeit, in der starke politische Spannungen zwischen dem demokratischen Athen und dem „barbarischen" Makedonien herrschten. Die Freiheit und Unabhängigkeit Athens war immer wieder bedroht.

Aristoteles war Erzieher des jungen Alexander des Großen, war aber kein Befürworter der makedonischen Politik.

Seine philosophische Tätigkeit begann er im Alter von 17 Jahren. Der exzellent ausgebildete Aristoteles studierte in Athen an Platons elitärer Akademie. Athen galt als das kulturelle Zentrum Griechenlands, wo sich die intelligentesten Denker des Landes versammelten.

An der von Platon geleiteten Akademie erwies sich der junge Aristoteles als sehr strebsam und galt als bester Schüler Platons. Beeinflusst von Platons philosophischer Lehre erarbeitete er sehr bald seine eigene Position und begab sich in kritische Spannung zu seinem hochgeschätzten Lehrer Platon: „(I)ch liebe Platon, aber noch mehr die Wahrheit." (Höffe ^{3}2006, S. 26) Er übte Kritik an seinem Lehrer und verarbeitete diese auch in seinen Schriften, z. B. entwickelte er in Abgrenzung zu Platon eine alternative Ontologie. Zudem entfaltete Aristoteles seinen eigenen Schreibstil, der sich durch eine einfache, klare Sprache mit prägnanten Argumenten auszeichnete.

Aristoteles suchte über die Beobachtung hinaus für alles Erklärungen. Er beschäftigte sich in seiner weltgewandten Art mit allen Wissenschaftsdisziplinen seiner Zeit. Er war u. a. Wegbereiter in der Wissenschaft der Logik und Begründer der Ethik als praktische Philosophie, die ihm bis heute große Anerkennung gebracht haben.

Der antike Philosoph verfasste im Laufe seines Lebens an die 150 Schriften, von denen nur etwa ein Fünftel erhalten blieb. (Vgl. Höffe ^{3}2006, S. 11–31).

Kardinaltugenden
Grund- oder Haupttugenden; die vier Kardinaltugenden übernahm Aristoteles von seinem Lehrer Platon

Aristoteles orientiert sich hier an den vier **Kardinaltugenden** Platons, die heute in der ursprünglichen Form nicht mehr zeitgemäß sind und an die Gegenwart angepasst werden müssen, so wäre etwa Tapferkeit heute als Zivilcourage zu verstehen. Für das Gute und Gerechte einzutreten, erfordert oftmals Mut und steht dem bequemen Mitläufertum entgegen.

Tugenden veranlassen Menschen dazu, ihre Triebe und Affekte zu zähmen, ihren Charakter zu kultivieren und die moralische Wahrnehmung zu schärfen. Nach Aristoteles wird derjenige, der jede Lust genießt, unmäßig. Ebenso wird derjenige, der jede Lust meidet, unempfindlich und stumpf.

Tabelle 5: Beispiele für Tugenden

Extrem	Tugend	Extrem
Feigheit	Tapferkeit, Mut	Tollkühnheit, Leichtsinn
Gefühllosigkeit	Besonnenheit	Zügellosigkeit
	Gerechtigkeit	

Aristoteles postuliert eine Ethik des Maßhaltens, um die rechte Mitte zwischen den beiden Extremen Übermaß und Mangel zu treffen **(Mesotes-Lehre).** Es bezieht sich dabei auf Handlungen und Leidenschaften. Gemäß der Lehre von der Mitte bewegt sich beispielsweise die Tugend der Tapferkeit zwischen den Extremen Feigheit und Tollkühnheit, die Besonnenheit zwischen Zügellosigkeit und Gefühllosigkeit. Bei der Gerechtigkeit verhält es sich anders; sie definiert Aristoteles folgendermaßen:

griech. *mesotes* = Mitte

„Die Gerechtigkeit ist also eine Mitte, freilich nicht auf dieselbe Art wie die übrigen Tugenden, sondern weil sie die Mitte schafft. Die Ungerechtigkeit dagegen schafft die Extreme." (Aristoteles, NEV, 1133b, 30–32)

Tugendhaftes Handeln wird durch die bewusste Entscheidung für die Mitte zwischen zwei Extremen gewährleistet. Nach Aristoteles ist der Mensch formbar und hat eine Natur, die Tugenden aufnehmen kann. Sie sind einerseits durch Erziehung, andererseits durch die Selbstkultivierung des Charakters und der eigenen Haltungen erlernbar.

Über distanzierte Reflexion wird die Qualität des Handelns kontinuierlich verbessert und der Charakter geformt. Dieser Prozess erstreckt sich über das gesamte Leben. Durch den richtigen Umgang mit Affekten wird es dem Menschen möglich, eine ethische Haltung zu manifestieren und dem Endziel der Glückseligkeit (*eudaimonia*) näherzukommen.

Das Siebener-Tugendschema der vier Kardinaltugenden **(Klugheit, Tapferkeit, Gerechtigkeit, Besonnenheit)** und der christlichen Tugenden **(Glaube, Liebe, Hoffnung)** wurde von Thomas von Aquin (1225–1274) in seiner Morallehre fundamental entfaltet. In der Aufklärung gewann darüber hinaus vor allem die **Toleranz** als wichtiges Merkmal eines guten Charakters an Bedeutung.

> In der **Tugendethik** geht es um die moralische Kompetenz der handelnden Person. Sie beschreibt Grundhaltungen bzw. Charaktereigenschaften, durch die gutes und gerechtes Handeln möglich werden. Tugenden stehen immer in einem zeitlichen und kulturellen Kontext und bedürfen einer ständigen kritischen Überprüfung.

Die Tugendethik unterliegt unterschiedlichen Vor- und Nachteilen in der Bewertung ihrer Anwendbarkeit.

Tabelle 6: Stärken und Schwächen der Tugendethik

Tugendethik	
+ Charaktertugenden setzen stabile Rahmenbedingungen und zerbrechen nicht (Diskriminierung, Korruption, Verfolgung, Unterdrückung, …) + Im Gesundheitswesen ist eine sittliche Grundhaltung, die zu gutem Handeln disponiert, besonders wichtig, um den situativ wechselnden Anforderungen zu entsprechen + Tugenden verleihen eine charakterliche Festigkeit, um mit dem Leiden und den Bedürfnissen der Patient*innen umgehen zu können	– Eine Bewertung bezieht sich auf die Person und nicht auf konkrete Handlungen. Es gibt keine Garantie dafür, dass eine tugendhafte Person niemals moralisch verwerflich handelt – Der Universalisierbarkeitsanspruch ist nicht immer erfüllt (auch tugendhaften Menschen können schwerwiegende Fehler unterlaufen – „gut gemeint ist noch lange nicht gut") – Diese Sicht der Tugenden ist nur begrenzt auf moderne pluralistische Gesellschaften übertragbar, da keine einheitlichen Wertvorstellungen vorhanden sind – Es fehlen verallgemeinerbare Kriterien für die Beurteilung moralischer Handlungen in Konfliktfällen – Tugenden sind kulturell beeinflusst, eine Ergänzung durch andere Begründungsverfahren (Normen, Prinzipien) wird von Kritikern als notwendig erachtet

Polis
antiker griechischer Stadtstaat

Anders als in der **Polis** leben wir heute in einer pluralen Gesellschaft, in der keine einheitlichen Wertvorstellungen existieren. Daher braucht moralisches Handeln auch die Orientierung an universellen Moralprinzipien wie z. B. Menschenwürde als oberstes Prinzip. Für den Pflegeberuf gilt der individuelle Mensch mit seinen Leiden und Bedürfnissen als Mittelpunkt des Handelns. Somit ist pflegerisches Handeln immer auch moralisches Handeln, das es stets kritisch zu reflektieren gilt. Tugenden verleihen charakterliche Festigkeit, um mit dem Leiden und den Bedürfnissen der Patient*innen umgehen zu können. Eine pflegerische Beziehung, die von Empathie und Mitgefühl getragen ist, lässt eine Vertrauensbasis mit dem/der Patient*in wachsen. Sie lässt sich nicht durch Normen (Grundsätze, Kodizes u. a.)

erzwingen. Dennoch brauchen Charaktertugenden stabile gesellschaftliche Rahmenbedingungen in Form klarer moralischer und rechtlicher Regeln, um gesellschaftlichen Fehlentwicklungen wie Diskriminierung, Gewalt, Unterdrückung und ähnlichen Phänomenen Grenzen zu setzen (vgl. Pauer-Studer, [2]2010, S. 109).

Die Tugendethik von Aristoteles ist für die Pflege insofern von Bedeutung, als eine gefestigte Grundhaltung mit internalisierten Tugenden förderlich ist, um mit den situativ wechselnden Anforderungen der Patientenbetreuung adäquat umzugehen. In Tugenden drückt sich die moralische Kompetenz aus.

Der konkrete Einzelfall ist oft sehr komplex und erfordert eine sensible Wahrnehmung der Situation. Diese zu verstehen, ist Voraussetzung für das ethische Beurteilen von Handlungsoptionen und Entscheidungen. Hier setzt die Tugendethik an und ermöglicht die situationsspezifische Angemessenheit des Handelns, das die jeweiligen Umstände umfassend berücksichtigt.

Neben den genannten klassischen Ethiktheorien, die in gegenwärtigen Ethikdiskussionen nach wie vor gültig sind, haben sich weitere neuere Ansätze zur ethischen Argumentation herausgebildet. Im Hinblick auf die Pflege als verantwortungsvollen Beziehungsprozess sind komplementäre Ansätze ethischer Reflexion und Urteilsbildung von Bedeutung. Hier liefern die Care-Ethik sowie die Verantwortungsethik eine wertvolle Ergänzung zur Orientierung an Prinzipien und umgekehrt.

2.4 Principlism (Vier Prinzipien der Bioethik)

Dieser Ansatz nahm 1979 in der amerikanischen Bioethik seinen Ausgang und findet auch in Europa wegen seiner Kontextsensitivität und Praxisnähe größte Akzeptanz unter gegenwärtigen medizinischen

Ethiken. Die amerikanischen Autoren Tom L. Beauchamp und James F. Childress beschreiben in ihrem Buch **„Principles of Biomedical Ethics"** (1979; [7]2013) vier Prinzipien. Diese sind von der *common morality* abgeleitet und bilden einen Rahmen für die Identifizierung und Reflexion von moralischen Problemen innerhalb wertepluraler Gesellschaften. Auch technologische Neuentwicklungen, für die noch keine Regelungen vorliegen, können anhand dieser Prinzipien auf ihre moralische Vertretbarkeit in der Medizin und Pflege (z. B. Robotik) hin überprüft werden. Ethische Urteile werden dadurch einer formalen Rationalität zugänglich gemacht und somit vergleichbarer, nachvollziehbarer und objektiver (vgl. Rauprich, 2008, S. 229 ff.).

Der Principlism stellt keine allgemeine ethische Theorie mit einem obersten Moralprinzip dar, sondern basiert auf **Prinzipien mittlerer Reichweite**. Daher ist dieser Ansatz mit den unterschiedlichen übergeordneten Theorien für ethisch-normative Begründungen (z. B. Deontologie, Utilitarismus) vereinbar.

Mit diesem Grundgedanken schafft der Principlism eine gemeinsame Verständigung zur Argumentation in ethischen Belangen für wertepluralen Gesellschaften (vgl. Rauprich, 2005, S. 31 ff.).

> **Prinzipien mittlerer Reichweite**
> werden ohne Letztbegründung durch eine Theorie akzeptiert.
> Diese hierarchisch gleichwertigen Prinzipien gelten prima facie (vorläufig), d. h. verbindlich, sofern sie nicht mit gleichwertigen oder stärkeren Pflichten konfligieren. Im Konfliktfall müssen sie gegeneinander abgewogen werden

Folgende vier Prinzipien bilden das klassische Quartett der Biomedizin:

- **Respekt vor der Autonomie** (respect for autonomy)
- **Benefizienz/Fürsorge** (beneficence)
- **Nichtschaden** (nonmaleficence)
- **Gerechtigkeit** (justice)

Das Prinzip des **Respekts vor der Autonomie** (respect for autonomy) kann auch als Prinzip der Achtung der Menschenwürde bezeichnet werden.[4] Es verpflichtet zur Anerkennung selbstbestimmter Entscheidungen der Patient*innen. Bedürfnisse, Ziele und Wertvorstellungen der Patient*innen haben Vorrang. Darüber hinaus bestimmt der/die Patient*in selbst, ob er/sie möchte, dass auch Angehörige über seinen/ihren gesundheitlichen Zustand informiert werden. Ärzt*innen und Pflegepersonen unterliegen der Schweigepflicht und können nur vom Patienten/von der Patientin selbst davon entbunden werden.

In der medizinischen und pflegerischen Versorgung hat sich in den letzten Jahrzehnten ein Recht auf informierte Zustimmung, der sogenannte „informed consent", etabliert. Damit ein/-e Patient*in die Situation einschätzen kann, braucht er/sie medizinische und pflegerische Informationen über die Diagnose, Prognose und Therapie (vgl. Bobbert, 2002, S. 135). Eine paternalistische Haltung der Ärzte/Ärztinnen oder der Pflegenden verstößt gegen dieses Gebot. Es ist nicht mehr zeitgemäß, von Ärzt*innen und Pflegenden zu erwarten, dass sie alleine wissen, was für den/die Patient*in „gut" ist. Ausgehend von den USA hat sich die Haltung der Gesellschaft gewandelt und die Patientenautonomie wurde gestärkt. Eine selbstbestimmte Entscheidung der Patient*innen erfordert eine individualisierte, verständlich formulierte Information über den Ablauf einer Behandlung und den zu erwartenden Erfolg sowie Alternativen durch das behandelnde und betreuende Personal (vgl. Rauprich, 2005, S. 20). Ärzt*innen und Pflegende fungieren demnach als Expert*innen in ihrem Fach und somit als Berater*innen, um Patient*innen zu einer autonomen Entscheidung nach ihren gesetzten Werten zu verhelfen. „Die Pflegende gewährleistet, dass die pflegebedürftige Person zeitgerecht die richtige und ausreichende Information

---

[4] Die Verankerung der Menschenwürde findet sich auch in den Menschenrechten (Art. 1, 2 und 3).

auf eine kulturell angemessene Weise erhält, auf die sie ihre Zustimmung zu ihrer pflegerischen Versorgung und Behandlung gründen kann." (ICN-Ethikkodex, 2014, S. 2)

In Österreich kommt der Respekt vor der Autonomie in der Patientencharta (Art. 17) zur Anwendung. Patient*innen können Behandlungen ablehnen, auch wenn diese indiziert und von Fachpersonen angeraten wären. Sie müssen dabei die Tragweite der getroffenen Entscheidung einschätzen können und sich der möglichen Konsequenzen bewusst sein. Das Recht auf Selbstbestimmung hat auch Grenzen und endet dort, wo grundlegende Rechte anderer verletzt werden, etwa beim Verlangen einer Tötungsspritze (aktive Sterbehilfe ist in Österreich bei Strafe verboten).

Für die Pflege bedeutet dies, dass Patient*innen in die Pflegeplanung als gleichwertige Partner*innen miteinbezogen werden. Dies setzt voraus, dass der/die Patient*in entscheidungsfähig ist und potenzielle Gefahren einschätzen kann. In Situationen, in denen Menschen die Konsequenzen ihres Handelns nicht einschätzen können und Selbst- und/oder Fremdgefährdung droht, muss eine Einschränkung der Autonomie erfolgen (z. B. Medikamenteneinnahme bei behandlungspflichtigen Krankheiten gegen den ausdrücklichen Wunsch des/der Patient*in).

> Eine **Patientenverfügung** ist eine schriftliche Willenserklärung, mit der eine Person eine medizinische Behandlung ablehnt und die dann wirksam werden soll, wenn sie zum Zeitpunkt der Behandlung nicht einsichts-, urteils- oder äußerungsfähig ist

Besonders schwierig ist in diesem Kontext die Pflege von nicht einwilligungsfähigen, etwa komatösen oder dementen Menschen. Es besteht für jeden mündigen Menschen die Möglichkeit, eine **Patientenverfügung** zu verfassen für den Fall, dass ein/-e Patient*in in besonderen Situationen ihren Willen nicht mehr zum Ausdruck bringen kann. In den seltensten Fällen liegt eine differenzierte Patientenverfügung vor. Umso mehr ist besondere Sensibilität auch für nonverbale Signale gefordert. Pflegerisches Fachwissen darf sich niemals einfach über den Willen des/der Patient*in hinwegsetzen (z. B. wenn ein/-e Patient*in die Nahrungsaufnahme oder die Körperpflege ablehnt). Pflegende müssen sich bei geistig eingeschränkten Patient*innen ihrer advokatorischen Aufgaben bewusst sein. Wie viel Autonomie ist einem/einer Patient*in zumutbar? Die Pflegebeziehung soll unter dem Lichte eines Gleichgewichts zwischen Autonomie und Fürsorge stattfinden. Auch ein körperlich und geistig eingeschränkter Mensch muss als Subjekt anerkannt werden und die Pflegepersonen müssen ihm entsprechend begegnen.

Das Prinzip der **Benefizienz/Fürsorge** (beneficence) stellt eine positive Pflicht dar und steht als hierarchisch gleichgestelltes Prinzip in unmittelbarem Zusammenhang mit der Autonomie. Es muss bei der ethischen Bewertung von Handlungen in gleicher Weise berücksichtigt werden.

Benefizienz/Fürsorge beinhaltet die Verpflichtung, so zu handeln, dass das Wohlergehen des/der Patient*in gefördert und Schaden vermieden wird. Sollte ein/-e Patient*in einen Schaden erlitten haben, besteht die Verpflichtung, diesen wieder gutzumachen. Vor- und Nachteile, Wirkungen und Nebenwirkungen, Chancen und Risiken sowie Kosten und Nutzen einer Handlung sind abzuwägen, um das größtmögliche Wohl für den/die Patient*in zu gewährleisten (vgl. Rauprich, 2005, S. 19 f.).

Benefizienz/Fürsorge darf nicht zu einer paternalistischen Haltung verkommen, „(d)enn die helfende Haltung der Fürsorge birgt die Gefahr, dass die Helfer(innen) ihre eigenen Wertvorstellungen und ihre partikularen Auffassungen vom ‚guten Leben' ungerechtfertigt als allgemein verbindliche Normen verstehen und ihrem Handeln gegenüber Patient(inn)en zugrunde legen" (Bobbert, 2002, S. 151). Eine richtig verstandene Fürsorge orientiert sich an der Achtung der Würde, die jedem

Menschen gleichermaßen zukommt. Damit stehen Fürsorge und Autonomie in einem direkten Wechselverhältnis, d.h. sie bedingen und begrenzen sich gegenseitig.

In der Pflege erfordert dies, jedem/r Patient*in die für ihn/sie bestmögliche Pflege mit dem größtmöglichen Nutzen und dem geringstmöglichen Schaden unter Berücksichtigung neuester Erkenntnisse der Forschung zukommen zu lassen. Die Anwendung dieses Prinzips darf jedoch nicht zu einer bevormundenden Verhaltensweise der Pflegeperson führen, bei der „theoretisch gute" Pflegehandlungen den Patient*innen aufgezwungen werden (vgl. SBK, 2003, S. 13 f.). Vielmehr sind Pflegende dazu aufgefordert, über den objektiven Pflegebedarf hinaus das aktuelle Situationserleben der Patient*innen mit ihren subjektiven Bedürfnissen bewusst wahrzunehmen und sie bei pflegerischen Entscheidungsprozessen, die ihre Person betreffen, miteinzubeziehen (siehe Fallbeispiel Herr Wieler, Kap. 1).

Das Prinzip des **Nichtschadens** (nonmaleficence) bezeichnet das älteste Prinzip und findet sich schon im Hippokratischen Eid. Es bezieht sich auf das Verbot, Handlungen durchzuführen, die Patient*innen schaden. Risiken, Nachteile und Nutzen einer medizinischen und pflegerischen Maßnahme müssen sorgfältig abgewogen werden. Dieses Prinzip liegt dem Prinzip der Benefizienz/Fürsorge sehr nahe (vgl. Fölsch, 2008, S. 126). Nach Beauchamp und Childress unterscheidet es sich von der Fürsorgepflicht dadurch, „dass es universell angewendet werden kann, unparteilich angewendet werden soll und juristische Sanktionen rechtfertigt" (Rauprich, 2005, S. 20).

In der Pflege erfordert das Prinzip des Nichtschadens Aufmerksamkeit und Achtsamkeit, um Gefahren zu erkennen und entsprechend präventive Maßnahmen zu setzen, wobei ein gewisses Restrisiko nie ausgeschaltet werden kann. Zu Schäden kann es kommen, wenn Pflegepersonen die Pflege nachlässig, nicht fachgerecht oder nicht entsprechend den hygienischen Richtlinien durchführen. Es ist zu bedenken, dass erforderliche pflegerische Handlungen auch Schmerzen verursachen können, vor allem beim Verbandwechsel, beim Lagerungswechsel und bei der Applikation von Injektionen. Auch Risiken bei Einläufen, Katheterisierung etc. sind gegeben. Daher sind Pflegepersonen verpflichtet, ihr Wissen und Können aktuell zu halten, etwa durch Fort- und Weiterbildung, aktuelle Fachliteratur sowie durch die Reflexion des eigenen fachlichen und moralischen Handelns (vgl. Fölsch, 2008, S. 127).

Das Prinzip der **Gerechtigkeit** beinhaltet die Verpflichtung zu einer fairen Verteilung von Ressourcen und Leistungen im Gesundheitswesen, nämlich Menschen in gleichen Situationen gleich zu behandeln und in ungleichen Situationen ungleich zu behandeln. Der medizintechnische Fortschritt führt zu teuren Diagnose- und Therapiemöglichkeiten bei gleichzeitigem Rückgang der Einnahmen der Krankenversicherungen. Zudem sind immer mehr ältere Menschen von chronischen Erkrankungen und Einschränkungen betroffen (vgl. Fenner, 2010, S. 106).

Verteilungsgerechtigkeit im Gesundheitswesen erfordert gerechte und vertretbare Kriterien, die transparent und nachvollziehbar sind. Um Machtmissbrauch und unfaire Verteilung zu vermeiden, sollen Entscheidungen über die Zuteilung von Ressourcen an ethischen Kriterien gemessen werden. Der Ethikkodex der Barmherzigen Brüder (2010, S. 23) beispielsweise verweist auch auf die Chancengleichheit beim Zugang zu Ressourcen und faire Gestaltung der sozioökonomischen Faktoren in der Krankenversorgung in Bezug auf die Allokation begrenzter Ressourcen, die Versorgung von Menschen, die nicht vom öffentlichen Sozialsystem erfasst sind, und die Vermeidung der Diskriminierung von Menschen mit bestimmten Krankheiten, Behinderungen u. a.

Gerechte Pflege bedeutet, die Grundrechte jedes Menschen zu respektieren und die verfügbaren Ressourcen so einzusetzen, dass jedem Menschen die Zuwendung und Pflege zukommt, die für ihn angemessen ist, und zwar unabhängig von Alter, Hautfarbe, Glaube, Kultur, Behinderung oder Krankheit, Geschlecht, sexueller Orientierung, Nationalität, politischer Einstellung, ethnischer Zugehörigkeit oder sozialem Status (vgl. ICN-Ethikkodex, 2014, S. 1). Es geht hier nicht darum, alle Patient*innen gleich zu pflegen, sondern entsprechend der individuell unterschiedlichen Gegebenheiten. Schwierig wird es, wenn die Ressourcen knapp sind und nicht mehr jede/-r Patient*in ihren/seinen Bedürfnissen entsprechend behandelt werden kann. Pflegende stehen dann vor der Entscheidung, wie sie diese Ressourcen gerecht einsetzen. Konflikte ergeben sich beispielsweise durch Einsparungen im Personalbereich sowie Rationierungen bei Materialien (vgl. Fölsch, 2008, S. 142 f.).

Diese abstrakten Prinzipien sind für die Bioethik „prima facie" gültig, d. h. sie sind gleichermaßen verbindlich, zumindest so lange, bis gleichwertige oder stärkere Verpflichtungen auftreten. In Konfliktsituationen müssen sie gegeneinander abgewogen oder spezifiziert werden. So kann in einem Fall das Prinzip der Autonomie gewichtiger erscheinen als das Prinzip der Fürsorge, während in einem anderen Fall die umgekehrte Gewichtung bedeutsam sein kann, z. B. wenn ein/-e Patient*in eine Pflegehandlung ablehnt und dadurch eine Schädigung zu erwarten ist.

Beauchamp und Childress haben in neueren Auflagen eine tugendethische Ergänzung durch die Tugenden Mitleid, Urteilskraft, Vertrauenswürdigkeit, Integrität und Gewissenhaftigkeit vorgenommen. Verinnerlichte Tugenden bilden die moralisch angemessene Haltung und zeigen sich in der rechten Anwendung von Prinzipien. Nach Beauchamp soll der Principlism Unterstützung geben, um zu prinzipiengeleiteten

Urteilen zu gelangen, ohne den Handelnden das Ermessen zu nehmen. Urteile werden auf Basis der Haltung, der moralischen Einsicht der Person und eines Bewusstseins für persönliche Verantwortung und Integrität gebildet (vgl. Beauchamp, 2005, S. 51).

Beauchamp verweist darauf, dass eine sorgfältige Analyse und Spezifizierung von Prinzipien mit den unterschiedlichen Theorien (z. B. kantische Ethik, Utilitarismus sowie tugendethische Konzeptionen) als vereinbar zu betrachten ist (vgl. Beauchamp, 2005, S. 71). Allgemeine Prinzipien, Theorien, Normen sowie spezielle Gefühle, Wahrnehmungen, Fallbeurteilungen sollten bei ethischen Urteilen vereint werden (vgl. Beauchamp, 2005, S. 51). Das Entscheidungsverfahren muss eine möglichst große Annäherung an eine kohärente Argumentation erreichen.

Die Zuhilfenahme von mittleren Prinzipien gewährt einen rationalen Zugang zu Entscheidungen. Überdies braucht es auch eine tugendethische Ergänzung, um zu begründeten Entscheidungen für das Wohl der Betroffenen in der individuellen Situation zu gelangen.

Gegenwärtige Pflegeethiker haben sich mit Begründungsverfahren auseinandergesetzt und formulieren jeweils eigene ethische Prinzipien für die Pflegeethik. Die nachstehende Tabelle versucht, die unterschiedliche Benennung materialer ethischer Prinzipien von einigen gegenwärtigen Pflegeethikern gegenüberzustellen (vgl. Lay, 2012, S. 132 ff.).

Tabelle 9: Benennung ethischer Prinzipien

Marianne Arndt (1996)	Veatch und Fry (1987)	Marianne Rabe (2009)	Reinhard Lay (²2012)
Das Prinzip Achtung vor dem Wert des Lebens	Wohltätigkeit	Würde	Förderung von Wohlergehen/ Wohlbefinden
Das Prinzip des Guten und Richtigen	Gerechtigkeit	Autonomie	Förderung von Autonomie/ Selbstständigkeit
Das Prinzip der Gerechtigkeit und Fairness	Autonomie	Fürsorge	Gerechtigkeit
Das Prinzip der Wahrheit und Ehrlichkeit	Aufrichtigkeit	Gerechtigkeit	Aufrichtigkeit
Das Prinzip der individuellen Freiheit und Selbstbestimmung	Loyalität	Dialog	Dialogische Verständigung
		Verantwortung	

Lay (2012) vergleicht und diskutiert die unterschiedlichen Kategorisierungen von ethischen Prinzipien namhafter Autor*innen hinsichtlich ihrer Anwendbarkeit und ihrer Überschneidungen und legt seinen Kompromissvorschlag vor (siehe Tab. 9).

Moralische Konflikte und Dilemmata betreffen allerdings häufig nicht nur die Berufsgruppe der Pflege, sondern sind multiprofessionell angelegt und erfordern einen interprofessionellen Diskurs. Dabei könnte es von Vorteil sein, sich auf eine gemeinsame Ausgangsbasis ethischer Bewertungskriterien für Entscheidungsprozesse zu einigen.

2.5 Care-Ethik

Die Care-Ethik stellt Fragen der zwischenmenschlichen Beziehung, ihrer Güte und der damit verbundenen Verantwortung in den Mittelpunkt. Sie ist besonders auf Fürsorglichkeit und Anteilnahme bezogen, wobei

Gefühle und Beziehungen eine wesentliche Rolle spielen. Die Care-Ethik geht anders als Gerechtigkeitsethiken, die auf dem Gebot der Achtung der Menschenwürde (Autonomie, Gegenseitigkeit und Gleichheit) basieren, von einem anthropologischen Verständnis aus, das den Menschen als verletzlich und auf andere bezogen anerkennt. Sie wird dadurch eher einem ganzheitlichen moralischen Konzept gerecht. Die normative Dimension eines solch anthropologisch fundierten Menschenbildes dient in der Care-Ethik dem Ziel, zwischenmenschliche Beziehungen (Abhängigkeit und Sorge) als Grundlage für eine soziale Gemeinschaft zu fördern (Schwerdt, 2012, S. 52).

Die Care-Ethik gewinnt in Gesundheits- und Sozialberufen zunehmend an Bedeutung.

Den Ausgang fand dieses Ethikkonzept bei der US-amerikanischen Entwicklungspsychologin **Carol Gilligans** („Die andere Stimme", 1982) als Kritik an Kohlbergs Theorie der moralischen Entwicklung des Menschen, nach der Frauen schlechter abschnitten als Männer. Sie entwickelte eigene Thesen des moralischen Urteilens von Frauen. Gilligan hat mit ihren Thesen als Ergebnis ihrer empirischen Untersuchungen eine umfassende Diskussion zur Care-Ethik eingeleitet.

Gilligans Auffassung von *Care* bestimmt die drei Kategorien Beziehung, Anteilnahme und Berücksichtigung der Einzigartigkeit von Situationen als Gegenposition zu **Gerechtigkeitsethiken**. Im Unterschied zu Gerechtigkeitsethiken, die durch eine deduktive Urteilsbildung gekennzeichnet sind, nimmt die Care-Ethik den induktiven Weg, ausgehend von der konkreten Situation. Gilligan misst der Berücksichtigung moralischer Gefühle (Empathie) einen hohen

> Die **Gerechtigkeitsethik** beruht auf einem Konzept von Fairness, das allgemeingültige moralische Regeln und universale Verbindlichkeiten postuliert und das die Gleichheit aller Menschen als Subjekt moralischen Handelns zur Voraussetzung hat

Stellenwert bei. Für sie bedeutet die Fähigkeit zum Mitgefühl und zur Übernahme von persönlicher Verantwortung für andere eine beziehungsorientierte Form von Rationalität und Moralität.

Die US-amerikanische Ethics of Care wurde von einigen Autorinnen (Benner, 1997; Noddings, 1984; Tronto, 1990 u. a.) weiterentwickelt. Auch in Europa existiert gegenwärtig ein Diskurs zu care-ethischen Konzeptionen. Diese finden in ihren Grundzügen eine weitgehende Übereinstimmung und sind in den verschiedenen Ländern oder Sprachen in unterschiedlichen Disziplinen verankert. Beispielsweise ist sie in Schweden als Omsorgsetik (Swanson, 1991) vorwiegend in den Sozialwissenschaften präsent. Für die Pflegewissenschaft (neben anderen Disziplinen) wurde die Care-Ethik in den Niederlanden als Zorgethiek (Gastman/Vanlaere, 2011), in der deutschen Wissenschaft als Ethik der Achtsamkeit (Conradi, 2001) entwickelt (vgl. Vosman/Conradi, 2018, S. 17 f.).

Trotz der unterschiedlichen Verwendung von Begrifflichkeiten der Autor*innen zeigen sie gemeinsame thematische Schwerpunkte. Dazu zählen die relationale Annäherung an moralische Fragen (Verletzbarkeit und Abhängigkeit), die Responsivität – *Care* als Antwort auf ein Bedürfnis oder eine Not –, die Bedeutung von Kontexten oder die einzigartige Antwort auf ein individuelles Bedürfnis, ein politisch gedachter Rahmen als Voraussetzung für eine gute, gelingende *Care*, die Bedeutung von Emotionen sowie die Betonung der Leiblichkeit des Fühlens, Denkens und Handelns (vgl. Vosman, 2016, S. 47 f.).

Im Folgenden wird der von Elisabeth Conradi (2001) entwickelte Ansatz der *Ethik der Achtsamkeit*, der sich konstituiert durch die Verwobenheit von Fühlen, Denken und Handeln, als eine Verbindung von Gerechtigkeit und Fürsorge dargestellt.

Fürsorge (Care) galt in der Vergangenheit (vor allem im 19. und weit in das 20. Jh. hinein) als weibliche Tugend oder Charaktereigenschaft. Aktuelle Care-Konzeptionen gestehen beiden Geschlechtern eine breite Gefühlsskala zu. Zwar wird Fürsorge von Frauen eher erwartet, jedoch muss eine sorgende Anteilnahme in bestimmten Situationen allen Menschen abverlangt werden können, um klassische Rollenstereotype, in der sich wiederum eine Geschlechterhierarchie spiegelt, zu umgehen (vgl. Pauer-Studer, [2]2010, S. 146).

2.5.1 Ethik der Achtsamkeit

Elisabeth Conradi (2001) setzt bei Care als interaktive Praxis an, indem sie die reale Care-Praxis in den Mittelpunkt der Ethikdiskussion stellt. Dadurch entstehen wichtige Anknüpfungspunkte für berufsethische Konzeptionen wie auch für die Gesundheits- und Krankenpflege. Den Begriff Care definiert Conradi (2003, S. 32) als

> *„(…) eine Praxis der Zuwendung, Achtsamkeit und Bezogenheit, die durch die daran Beteiligten gemeinsam gestaltet wird. Gemeint ist ein weiter Bereich, der von Selbstsorge über kleine Gesten der Aufmerksamkeit, pflegende und versorgende menschliche Interaktionen bis hin zu kollektiven Aktivitäten reicht."*

Conradi formuliert im Anschluss an feministische Theoretikerinnen wie Carol Gilligan, Joan Tronto und Diemut Bubeck ein Verständnis von Care als Praxis, die nicht an das Geschlecht gebunden ist. Als wesentlicher Unterschied zu Gilligans im Subjekt verorteter Care betont Conradi, dass die Praxis der Achtsamkeit zwischen Subjekten stattfindet, d. h. interaktiv und interrelational zu verstehen ist. Sie verweist auf die **Bezogenheit** und die Berücksichtigung asymmetrischer und nicht-reziproker Praxis sowie Formen gegenseitiger Angewiesenheit (Conradi, 2016, S. 84).

In neun Thesen entwickelt Conradi den Ansatz „Care als eine gesellschaftliche Praxis, die den Aspekt der Bezogenheit ebenso umfasst wie sorgende Aktivitäten" (Conradi, 2001, S. 21).

Care-Interaktionen

1. Care bezeichnet menschliche Interaktionen. Mit Ausnahme der Selbstsorge werden sie von mindestens zwei Menschen gestaltet.
2. Häufig sind die an Care-Interaktionen beteiligten Menschen einander bekannt; es werden aber auch Kontakte neu geknüpft. Im Verlauf von Care-Interaktionen entsteht zwischen den daran beteiligten Menschen eine Beziehung.
3. Als Interaktion umfasst Care den Aspekt der Bezogenheit ebenso wie sorgende Aktivitäten. Insgesamt ist Care als gesellschaftliche Praxis zu verstehen.
4. Care umfasst sowohl das Sich-Zuwenden als auch das Annehmen der Zuwendung.
5. Care-Interaktionen sind oft asymmetrisch, aber es gibt eine Dynamik der Macht.
6. An Care-Interaktionen beteiligte Menschen sind unterschiedlich autonom. Achtung ist nicht auf eine Unterstellung von Autonomie angewiesen.
7. Care-Verhältnisse sind in der Regel nicht reziprok. Das Schenken von Achtsamkeit ist nicht an Reziprozität gebunden.
8. Care-Interaktionen können auch nonverbal sein. Care hat zumeist mit körperlicher Berührung zu tun.
9. In Care-Interaktionen sind Fühlen, Denken und Handeln verwoben.

Conradis Ansatz achtsamer Zuwendung versorgender Aktivitäten erfordert eine Erweiterung und Veränderung philosophischer Terminologie (vgl. Conradi, 2001, S. 14 f.). Sie stellt den Begriffen der Autonomie, Gegenseitigkeit und Gleichheit – als fundamentalen Begründungen für die Achtung der Würde von Menschen – eine andere Sichtweise gegenüber: die **Achtsamkeit**.

Eine achtsame Pflegeperson achtet darauf, wie sie in alltäglichen Situationen denkt, sich verhält, wie sie handelt und über sich reflektiert. Damit bildet Achtsamkeit den Kern des Charakters handelnder Personen. Achtsamkeit basiert direkt auf zwischenmenschlichen Beziehungen, so auch in der Pflege, denn pflegerisches Handeln ist Interaktion zwischen Pflegeperson und Patient*in. Achtsamkeit kann als alternative Begründung eines pflichtenethischen Achtungsbegriffs, der nicht auf Autonomie angewiesen ist, betrachtet werden. Im pflegerischen Bereich gelten vor allem zwei Aspekte von Autonomie als elementar: die Möglichkeit, „selbst Entscheidungen zu fällen" sowie „selbsttätig" zu sein. Conradi skizziert den Menschen auch als verletzlich, hilfsbedürftig, fehlerhaft, auf andere angewiesen und zuwendungsfähig. Die Selbstbestimmtheit von kranken bzw. pflegebedürftigen Menschen zu fördern und zu erhalten, ist ein zentrales Pflegeziel. Achtung ist für Conradi nicht darin begründet, den Menschen als selbst entscheidendes Wesen zu betrachten (vgl. Conradi, 2003, S. 40), wodurch beispielsweise Menschen mit geistiger Behinderung, Demenz oder apallischem Syndrom unter Umständen ausgeschlossen würden. „Achtsame Zuwendung bedeutet, *sich einzulassen*" (Conradi, 2010, S. 95) auf die Situation und die eigene Aufmerksamkeit dem individuellen Menschen zu widmen. Achtsame Zuwendung impliziert auch eine Fürsprecherrolle, um für die Würde, Rechte, Bedürfnisse und Interessen von Menschen einzustehen und Bevormundung zu verhindern. Dies setzt Kompetenz und Verantwortungsbewusstsein voraus. Zuwendung kann auch nonverbal gestaltet sein und schließt meist körperliche Berührung mit ein. Dadurch verbinden sich Denken, Fühlen und Handeln (vgl. Conradi, 2010, S. 96 f.).

Für Conradi ist Care eine menschliche Handlungspraxis zwischen unterschiedlich autonomen Subjekten, die nicht der Reziprozität (Gegenseitigkeit) geschuldet ist. Vielmehr sieht sie Achtsamkeit als Vorgabe oder Geschenk an und „nicht an eine Verpflichtung zur Gegengabe gebunden" (Conradi, 2010, S. 95).

2.5.2 Care-Ethik und ihre Bedeutung für die Pflege

Patientenorientierte Pflege und Verantwortung bezieht sich in der Pflegepraxis auf die Sorge um vulnerable Menschen. Krankheitserleben und Leiderfahrung sind immer subjektiv. Leidphänomene wie Angst, Schmerz, Scham, Hoffnungslosigkeit und Todesnähe sind verbunden mit physisch und/oder psychisch eingeschränkter Handlungsfreiheit und Selbstbestimmung. Mit den daraus resultierenden Phänomenen der Abhängigkeit und Angewiesenheit sind Pflegende konfrontiert (Remmers, 2010, S. 52; Heubel, 2010, S. 71). Professionelle Pflege zeigt sich in einer achtsamen und empathischen Zuwendung zum pflegebedürftigen Menschen, in einer Anteilnahme und darin, ihn in seiner besonderen Situation wahrzunehmen und das pflegerische Handeln nach seinen Bedürfnissen auszurichten. Eine fürsorgliche Pflegebeziehung muss getragen sein von Verantwortung und Sicherheit, damit Vertrauen aufgebaut werden kann. Sie ist in der wissenschaftlichen Diskussion als Care-Ethik aktuell präsent. In der Ethik der Achtsamkeit mit der grundlegenden Angewiesenheit von Menschen begründet Conradi die Aufforderung zur achtsamen Zuwendung (abgeleitet von der Kurzformel „Zuwenden statt Wegsehen"; Conradi, 2010, S. 95).

Nach Conradis Verständnis von *Care* als sozial erwerbbarer Fähigkeit, bei der **Fühlen, Denken und Handeln** miteinander verwoben sind, schließen Vernunft und Gefühl einander nicht aus. Gerade in der Pflege darf auf den vernünftigen Diskurs nicht verzichtet werden, doch sind es nicht allein die vernunftbasierten Argumente, die eine Handlung als moralisch richtig und gut bewerten lassen. Auch Gefühle und Emotionalität als wesentlicher Teil des Menschseins sind in einer zwischenmenschlichen Begegnung immer vorhanden und beeinflussen das Erleben der Beziehung und somit die Wirkung der pflegetherapeutischen Maßnahmen (vgl. Hiemetzberger/Rupprecht, 2013, S. 11).

Die Pflegepraxis muss sich auch mit Machtfragen auseinandersetzen, da sie es mit asymmetrischen Beziehungen und Gewaltsamkeit zu tun hat. Aggression und Gewalt können in der Interaktion zwischen Patient*in und Pflegeperson aufkommen. Um Fehlverhalten zu verhindern, ist es unabdingbar, dass Pflegende ihre eigenen sowie die Wertvorstellungen der Patient*innen realistisch einschätzen und Bereitschaft zeigen, den Patient*innen zu ihren eigenen Entscheidungen zu verhelfen. Machtstellungen dürfen bei Pflegehandlungen nicht ausgenutzt werden, denn die Patient*innen sind sowohl bezüglich Fachwissen wie auch empathischer Haltung von den Pflegenden abhängig. Benner und Wrubel (1997, S. 25) betonen eine sorgende Haltung als Basis der Pflegepraxis: „Erst durch eine von Sorge geprägte Beziehung erwächst das Vertrauen, das es der umsorgten Person möglich macht, die angebotene Hilfe anzunehmen und sich umsorgt zu fühlen."

Den obigen Ausführungen zufolge wird deutlich, dass pflegerische Professionalität neben Fachwissen an emotionales Situationsverstehen gebunden ist. Empathie als das Einfühlen in die Gefühlswelt anderer gilt als wesentliches Kriterium, um die leibliche Dimension von Verletzlichkeit und Abhängigkeit in den Pflege- und Beziehungsprozess einzubeziehen. Die Care-Ethik kann daher als verantwortungsvoller Ansatz betrachtet werden, der einer ganzheitlichen Pflege am individuellen Menschen gerecht wird. Mit ihrem engen Praxisbezug ist die Care-Ethik an Erfahrung gebunden und bedarf immerwährender Reflexion und Einübung.

Professionelle Pflege soll dadurch gekennzeichnet sein, dass sowohl die **kognitive Argumentationsfähigkeit** als auch die Grundeinstellung der **Fürsorglichkeit** als achtsame Zuwendung in der Betreuung von vulnerablen Menschen zum Tragen kommt. Pflege ist somit ein zwischenmenschlicher Beziehungsprozess und erfordert von der Pflegeperson neben fachlicher Kompetenz die Wahrnehmung des Menschen in seiner Ganzheit. Beide Fähigkeiten können sowohl von Männern als auch von Frauen erlernt und verinnerlicht werden.

2.6 Verantwortungsethik

Die ursprüngliche Bedeutung des Begriffs Verantwortung bezog sich auf „Antwort geben“ bei einer Anklage vor Gericht. Der Täter wird für seine begangene Tat zur Verantwortung gezogen. Untrennbar von Verantwortung ist der Begriff der Zurechnung.

Verantwortung – im moralischen Sinne – ist ein Schlüsselbegriff, der sich vor allem im 20. Jahrhundert entwickelt hat. Davor wurde für den Verantwortungsbegriff der Begriff der *Pflicht* verwendet (vgl. Bayertz, 1995, S. 3 ff.).

Durch Max Weber (1864–1920) gewinnt der Begriff Verantwortung seit Ende des Ersten Weltkrieges zunehmend an Bedeutung. Weber unterscheidet zwischen Gesinnungs- und Verantwortungsethik und plädiert für eine Balance der beiden gegensätzlichen Standpunkte. Die **Gesinnungsethik (Pflichtethik)** beurteilt die moralische Qualität einer Handlung nach allgemeinen ethischen Prinzipien oder bester Gesinnung, ohne die Handlungsfolgen zu berücksichtigen. Die **Verantwortungsethik** stellt die (vorhersehbaren) Folgen einer Handlung in den Vordergrund, ohne die richtige Gesinnung auszuklammern. Webers verantwortungsethischer Grundsatz fordert, „dass man für die (voraussehbaren) Folgen seines Handelns aufzukommen hat" (Weber, zit. nach Bayertz, 1995, S. 40 f.).

Die Bereitschaft, Verantwortung zu übernehmen, bedeutet, bereit zu sein oder genötigt zu werden, sich zu verantworten – jemandem Antwort zu geben auf die Frage: „Warum hast du so gehandelt?" Verantwortung bedeutet immer auch Beantwortung. Die Bedeutung dieser Frage findet sich im Begriff der Rechenschaftspflicht (vgl. Lenk, 1998, S. 64). **Rechtfertigen** bedeutet, das eigene Handeln zu begründen, Stellung zu beziehen, wobei die Argumentation angenommen oder zurückgewiesen werden kann.

Hans Jonas (1979) erweitert den „klassischen" (retrospektiven) Verantwortungsbegriff um die Dimension der Zukunft im Sinne einer **Präventions- und Fürsorgeverantwortung**. „Verantwortung ist die als Pflicht anerkannte Sorge um ein anderes Sein, die bei Bedrohung seiner Verletzlichkeit zur ‚Besorgnis' wird." (Jonas, 1984, S. 391)

In seinem Buch „Prinzip Verantwortung" beschreibt er die kollektive Verantwortung für den Fortbestand der Menschheit. Jonas tritt dafür ein, dass wir verantwortlich sind gegenüber jenen, die von unserer Macht und unseren Handlungsmöglichkeiten abhängig sind. Für Jonas verpflichtet sich gerade derjenige zu verantwortlichem Handeln, der Macht über Sein und Nichtsein hat – Macht erzeugt Verantwortung. Er gibt zu bedenken, dass die Auswirkungen unserer Handlungen durch moderne technologische Entwicklungen, insbesondere die Biotechnologie (z. B. Genmanipulation, Robotik) eine Gefährdung für unsere Umwelt und Nachwelt darstellen. Eine Verantwortungsethik ohne Folgenabschätzung ist für Jonas nicht denkbar. Er formuliert Kants kategorischen Imperativ neu: „Handle so, dass die Wirkungen deiner Handlung verträglich sind mit der Permanenz echten menschlichen Lebens auf Erden." (Jonas, 1984, S. 36)

Diese neue Bedeutung von Verantwortung macht den Handelnden für die Vermeidung künftiger Schäden und für die Erhaltung oder Herstellung erwünschter Zustände verantwortlich (Verantwortung als Vorsorge).

In der Pflege geht es zum einen um die Handlung an sich bzw. die Handlungsabsicht, zum anderen müssen immer auch die künftigen Folgen einer Handlung bedacht werden, daher sind sowohl die retrospektive (vergangenheitsbezogene) Verantwortung in Form von Haftung als auch die prospektive (zukunftsgerichtete) Verantwortung in Form von Sorge für bestimmte Handlungen und Ereignisse von Bedeutung (vgl. Bayertz, 1995, S. 45 f.).

*Beispiel Entlassungsmanagement: Bei der Frage der Entlassung von Patient*innen, die durch ihre Krankheit nun zu Hause nicht mehr alleine zurechtkommen und Unterstützung brauchen, liegt die Verantwortlichkeit, dies vor der Entlassung zu klären, bei der Pflegeperson.*

Weitere Beispiele sind die sorgfältige Beachtung hygienischer Maßnahmen sowie die Entsorgung von infektiösen Materialien. Die Missachtung kann zu verheerenden Folgen führen.

In Bezug auf das Feld der Forschung ist ein kritischer Umgang mit der Durchführung von Pflegeforschung und der Mitwirkung bei medizinischen Forschungsprojekten gefordert.

Beim Verantwortungsbegriff geht es um Handlungen, die im Hinblick auf mehrere Dimensionen, aber vor allem im moralischen Sinne zu bewerten und damit zu rechtfertigen sind. Der Mensch bewegt sich in einer normativen Welt und besitzt Moralfähigkeit. Seine Handlungen können frei von ihm bestimmt werden und sind keine bloßen Naturereignisse. Daher ist Verantwortung ein Relations- bzw. Beziehungsbegriff, der nach Bayertz (1995, S. 15) mindestens drei Elemente in Beziehung zueinander bringt, nämlich die Zuständigkeit

- von einem **Subjekt** der Verantwortung **– wer?** (z. B. Pflegeperson, Ärztin)
- für ein **Objekt** der Verantwortung – **wofür?** (z. B. übernommene Aufgaben, Patient*innen, Kolleg*innen, Vorgesetzte, Berufsstand, Institution, Gesellschaft)
- vor einem **System von Bewertungsmaßstäben** – **wem gegenüber?** (z. B. Rechtssystem, Gesetz, Gericht, Gewissen, Gott)

Lenk (1998) führt als vierte Relation den

- **normativen Maßstab** als Grundlage der Verantwortung an – **warum?** (ein [be]wertendes Kriterium, Normen, Standards, Kodizes)

Verantwortung bedeutet, dass eine Person (z. B. Pflegeperson) nicht nur **für etwas** (z. B. eine Pflegehandlung) verantwortlich ist, sondern auch **gegenüber jemandem** (z. B. Patient*in) **vor einer urteilenden Instanz** (z. B. Gericht) auf der Grundlage eines normativen Maßstabes (z. B. Standards, Kodizes).

2.6.1 Arten der Verantwortung

Der Verantwortungsbegriff tritt in verschiedenen Formen auf. Lenk (1998, S. 276–283) führt fünf Arten von Verantwortung an, die auch auf den Pflegeberuf übertragen werden können. Die unterschiedlichen Arten treten nicht zwangsläufig getrennt auf, sondern überlappen sich in der Realität.

Handlungs(folgen)verantwortung

Die Pflegeperson als handelndes Subjekt ist für das eigene Handeln und die daraus entstehenden (beabsichtigten/unbeabsichtigten) Folgen verantwortlich. Dies gilt ebenso für das Unterlassen einer Handlung. Schließlich kann man „nicht nicht handeln" (vgl. Pöltner, 2002, S. 37).

In der Regel ist man verantwortlich oder mitverantwortlich gegenüber anderen Menschen. Zur Handlungsverantwortung zählt auch die aktive Prävention, die Schaden vorbeugen und das Gute fördern soll. Handlungsverantwortung kann auch von mehreren Personen bzw. Gruppen getragen werden, sich auf Institutionen (häufig auf die oberste Führungsebene) beziehen sowie generell und langfristig gelten.

Beispiel Pflegediagnostik: In diese Art der Verantwortung fällt die Erstellung von individuellen aktuellen Pflegediagnosen und Risikodiagnosen sowie die korrekte Formulierung und Durchführung adäquater Pflegemaßnahmen, basierend auf dem aktuellen Wissensstand.

Aufgaben- oder Rollenverantwortung

Diese umfasst jenen Bereich, der mit der eigenen Position, den beruflichen Pflichten und Aufgaben verbunden ist. Jede berufliche Rolle hat ihre bestimmte Aufgaben- oder Rollenverantwortung, abhängig von der hierarchischen Position (Pflegedirektion, Stationsleitung, diplomierte Pflegeperson, Studierende, Pflegepädagog*in etc.). Die Rollen- und Aufgabenverantwortung bezieht sich auf die unterschiedlichen Ebenen: die Makroebene (Gesellschaft), eine Mesoebene (Institution, Organisation) und eine Mikroebene (direkte Patientenbetreuung). Somit ist jede Pflegeperson aufgrund ihrer Stellenbeschreibung innerhalb einer Arbeitsorganisation für die Wahrnehmung und Erfüllung ihrer Rolle verantwortlich.

Aufgaben und Kompetenzen können delegiert werden, mit der Delegation endet aber nicht die Verantwortung. Darüber hinaus sind Pflegepersonen verpflichtet, die Pflege nach den aktuellen wissenschaftlichen Erkenntnissen strukturiert und zielorientiert auszurichten (Pflegeprozess). Dies schließt die Verpflichtung zur Fort- und Weiterbildung mit ein. Schlimme Folgen aufgrund fehlender Kenntnisse entbinden nicht von der Verantwortung.

Beispiel: Die Berufsgruppe der Pflege ist gekennzeichnet durch unterschiedliche Ausbildungsebenen. Zur Aufgaben- und Rollenverantwortung zählt, dass jeder von der Organisation seiner Ausbildung entsprechend eingesetzt wird. Weiters ist jede einzelne Pflegeperson verpflichtet, ihr jeweiliges Berufsgesetz zu kennen und die gesetzlich vorgegebene Rolle zu erfüllen.

Rechtsverantwortung

Sie besagt, dass ein Rechtssubjekt für das eigene Tun und die daraus entstehenden Folgen zur Rechenschaft gezogen wird, wobei Verantwortung hier im Sinne von Zurechenbarkeit einer Schuld oder Pflicht zu verstehen ist. Rechtsverantwortung setzt Zurechnungsfähigkeit voraus.

Eine Handlung mit moralisch gerechtfertigten Gründen ist nicht automatisch auch rechtlich legitim und kann vor dem Gericht eingeklagt werden. Das Gesetz des jeweiligen Rechtsstaates fordert die Einhaltung rechtlicher Regeln ein.

Die Verantwortungsbereiche von Pflegepersonen sind in Österreich im Gesundheits- und Krankenpflegegesetz (GuKG) geregelt. Darin sind die unterschiedlichen Verantwortungsbereiche inkl. ihrer Handlungen klar definiert. Dazu zählen eigenverantwortliches und mitverantwortliches Handeln und Arbeiten sowie interdisziplinäres Zusammenarbeiten. Die Grundlage dieser Handlungsfelder bilden das nötige Rechtswissen und die fachliche Kompetenz. Dennoch können rechtliche Normen nicht jeden Einzelfall abdecken und erfordern auch ethische Kompetenz. Handlungsleitende Prinzipien wie die Patientenautonomie, das Schädigungsverbot, das Hilfsgebot (Fürsorge) u. a. können dennoch Orientierungshilfen anbieten (vgl. Neuhäuser, 2011, S. 124).

Gruppen- und Mitverantwortung

Verantwortung kann sich auch auf Gruppen und Organisationen beziehen, kann aber nicht in der Form kollektiv übernommen werden, sodass dem einzelnen Mitglied keine Verantwortung zukäme. Lenk formuliert seine Leitidee wie folgt:

> „Jeder hat Mitverantwortung entsprechend der strategischen Zentralität im Wirkungs- und Handlungsmuster, im Macht- und Wissenszusammenhang des Systems, insbesondere auch, insoweit er das System, die Systemerhaltung stören kann – aktiv oder durch Unachtsamkeit oder durch Unterlassung. (…) Jeder ist im System im Ganzen mitverantwortlich, soweit dieses von seinen Handlungs- und Eingriffsmöglichkeiten abhängt. Doch niemand ist für alles allein verantwortlich." (Lenk, 1991, S. 71)

*Beispiel: Eine Pflegeperson trägt Verantwortung für ihre Mitwirkung und Unterstützung von Forschungsprojekten. Wenn diese nicht den Richtlinien der Ethikkommission entsprechen, liegt es in ihrer Verantwortung, für das Wohl der Patient*innen einzuschreiten, wenn deren Autonomie und Würde durch die Forschungsteilnahme verletzt wird. Diese Verpflichtung schreibt auch der ICN-Ethikkodex für Pflegende vor (siehe Kap. 3.1.2).*

Moralische Verantwortung

Moralische Verantwortung ist am Wohl und an der Würde des Menschen orientiert und besteht gegenüber anderen Menschen (universalmoralische Verantwortung) ebenso wie gegenüber sich selbst (Selbstverantwortung).

Im kantischen Sinne gesprochen handelt derjenige moralisch richtig, der sich selbst zu moralischem Handeln verpflichtet. Der Mensch tritt vor sich selbst, d. h. vor sein Gewissen als innere moralische Instanz, um sich für sein Handeln zu rechtfertigen. Das Gewissen entscheidet nach dem Maßstab von Normen und Werten, die es aufgrund seiner Autonomie (Freiheit) anerkennt. Dabei ist es Angeklagter, Richter und Gesetzgeber zugleich (vgl. Bayertz, 1995, S. 19). Die Grundfrage der Moral ist nicht, ob etwas erlaubt oder verboten ist, sondern ob ich mit meinem Handeln leben kann (vgl. Fröhlich, 2014, S. 66).

Die moralische Verantwortung ist individuell und universell gleichzeitig, da sie für jedermann in gleicher Situation gilt. Moralische Verantwortung ist **nicht teilbar, nicht subtrahierbar, nicht delegierbar**, wie z. B. die Aufgabenverantwortung, und ebenso kann sie **nicht auf- oder abgeschoben** werden (vgl. Lenk, 1998, S. 281).

Eine moralische Handlung kann unter gesetzeswidrigen Umständen erfolgen; die handelnde Person hat diesbezüglich Stellung zu beziehen bzw. kann dafür auch gerichtlich verurteilt werden. Im Gegenzug dazu kann eine legale Handlung unmoralisch sein. Moralische Verantwortung ist nicht vor Gericht einklagbar, oberste Instanz ist das eigene Gewissen.

Jemanden zu zwingen, gegen sein Gewissen zu handeln, würde bedeuten, jemandem etwas abzuverlangen, das er nicht verantworten kann. Anders verhält es sich, wenn Dritte betroffen sind (wenn beispielsweise Eltern ihrem Kind aus religiösen Gründen eine lebensrettende Bluttransfusion verbieten). An diesem Punkt findet die Gewissensfreiheit ihre Grenze, weil hier bereits die Freiheit des anderen beginnt (vgl. Pöltner, 2002, S. 56).

2.6.2 Bedingungen und Grenzen der Verantwortung

Die Fähigkeit, Verantwortung zu tragen, ist untrennbar mit dem Wesen des Menschen verbunden und setzt **Freiheit** und **Zurechenbarkeit** voraus. Um Verantwortung übernehmen zu können, sind grundlegende Bedingungen zu beachten, die in der jeweils gegebenen Situation individuell zu hinterfragen und zu prüfen sind. Gleichzeitig sind der Verantwortung auch Grenzen gesetzt. So „tragen wir für alles, was außerhalb der Reichweite unseres Handelns liegt, keine Verantwortung" (Bayertz, 1995, S. 48).

Drei Arten der Freiheit sind zu unterscheiden:

- **Willensfreiheit**
  Dem Menschen als vernunftbegabtes Wesen wird Einsichtsfähigkeit bzw. **Zurechnungsfähigkeit** für Handlungen oder übernommene Aufgaben und deren Konsequenzen zugeschrieben. Die Zurechnung von Verantwortung gewinnt erst durch die Verknüpfung mit einem Werturteil moralische Bedeutung, d. h. eine Handlung muss **aus freiem Willen** und aufgrund eigener Einsicht erfolgen können. Nur wenn wir freiwillig handeln, handeln wir auch verantwortlich. Doch kann jemand, der z. B. im betrunkenen Zustand einen Schaden anrichtet, sich nicht auf seine Unzurechnungsfähigkeit berufen, wenn diese Unfreiheit selbst verschuldet ist. Nichtzurechnungsfähigkeit bezieht sich auf Unmündigkeit, Vorliegen innerer und äußerer Zwänge, geistige Behinderung usw. (vgl. Bayertz, 1995, S. 21 f.).
- **Wahlfreiheit**

  Wahlfreiheit bedeutet, zwischen mindestens zwei Handlungsmöglichkeiten bzw. zwischen Handeln und Nichthandeln wählen zu können. Dies schließt die Fähigkeit moralischer Urteilsbildung mit ein. Mit der Freiheit, zu wählen, übernimmt der einzelne Mensch auch die Verantwortungspflicht seiner Wahl.
- **Handlungsfreiheit**
  Handlungsfreiheit drückt sich in der Ausübung von Handlungen nach freiem Willen und ohne Zwänge (z. B. institutionelle und psychische Zwänge) aus bzw. dadurch, dass ein Spielraum von alternativen Handlungsmöglichkeiten besteht.

Abbildung 5: Drei Arten der Freiheit

2.6.3 Verantwortung in der Pflege

Pflegerische Verantwortung wird definiert „als die selbst übernommene und/oder zugeschriebene Zuständigkeit von Pflegenden für ihr berufliches Tun, inkl. der Rechenschaftspflicht für die Konsequenzen ihrer pflegerischen Entscheidungen und Handlungen" (Tewes, 2002, S. 79). Dies setzt entsprechende fachliche sowie moralische Kompetenz voraus, die durch die Aus-, Fort- und Weiterbildung erworben wird. Die Verantwortungswahrnehmung im Konzept der Pflegeethik wurde durch die geschichtliche Aufarbeitung der Beteiligung von Pflegenden bei nationalsozialistischen Verbrechen sowie durch die rechtliche Definition und die Verpflichtung der pflegerischen Verantwortungsbereiche gefördert.

Die Verantwortung der Pflege erfordert einerseits fachliches Wissen und andererseits Empathie, die Fähigkeit des Perspektivenwechsels und ein reflektiertes Wertebewusstsein (persönlich, gesellschaftlich und beruflich) sowie die Fähigkeit, Werte gegeneinander abzuwägen.

Professionelle Pflege mit ihrer rechtlichen und moralischen Verantwortung verlangt es, jederzeit für das berufliche Handeln bzw. Unterlassen Rechenschaft abzulegen – gegenüber den Patient*innen, den Kolleg*innen, den Ärzt*innen, dem Gericht, der Gesellschaft und sich selbst (Gewissen) – und gegebenenfalls für schuldhaftes Verhalten die Konsequenzen zu tragen.

Wenn Schäden entstanden sind, kann die Natur der Konsequenzen sowohl zivilrechtlich (Wiedergutmachung) und strafrechtlich (Bestrafung) als auch arbeitsrechtlich (disziplinarisch) sein (vgl. Kahla-Witzsch/Platzer, 2007, S. 34).

Die Berufsausübung von Pflegenden umfasst laut ICN-Ethikkodex vier Verantwortungsbereiche. Sie übernehmen Verantwortung gegenüber

- dem pflegebedürftigen Menschen (Sozialkompetenz),
- sich selbst und damit auch der Berufsausübung (Selbstkompetenz),
- der Profession (Fach- und Methodenkompetenz) sowie
- den Kolleg*innen (Sozialkompetenz).

Nun kann es vorkommen, dass eine Pflegeperson sich aufgrund einer besonderen Situation oder aufgrund ihres Ausbildungsstandes nicht ausreichend kompetent fühlt, bestimmte Aufgaben zu übernehmen. In diesem Fall ist sie dazu angehalten, den Vorgesetzten ihre Unsicherheit auch offenkundig mitzuteilen. Verantwortung zu tragen setzt Kompetenz voraus, d. h. dass man auch „kann", was man „tun soll". Ebenso gilt es, Anordnungen zu hinterfragen, die Zweifel über ihre ethische und fachliche Qualität hervorrufen. Hier ist es die Pflicht der Pflegeperson, sich für das Wohl und die Sicherheit der ihr anvertrauten Patient*innen einzusetzen bzw. sie in ihrer Autonomie und Selbstbestimmung zu unterstützen, auch wenn das Widersetzen gegen eine Anordnung mit Unannehmlichkeiten verbunden ist.

Die Pflegeperson verbringt viel Zeit mit pflegerischer Tätigkeit bei den Patient*innen und kann dadurch ihre Bedürfnisse, Ängste und Anliegen am ehesten einschätzen. Der Pflegeprozess als Beziehungsprozess bindet Pflegende an die Pflicht, Patient*innen ganzheitlich wahrzunehmen und sich der eigenen Macht und der damit verbundenen Verantwortung bewusst zu werden. Dabei ist zu bedenken, dass die Beziehung zwischen Pflegeperson und Patient*in immer asymmetrisch ist (Macht/Ohnmacht). Umso wichtiger sind ein sensibler und empathischer Umgang mit vulnerablen Menschen und ein advokatorischer Einsatz für sie. Im Verständnis einer Care-Praxis haben die Pflegenden auch eine Teilverantwortung, um auf defizitäre Umstände, die moralisches Handeln behindern, aufmerksam zu machen (vgl. Kohlen, 2016, S. 23).

Unser pflegerisches Handeln bezieht sich sowohl auf gegenwärtige Interventionen wie auch auf die Zukunft. Das Abschätzen und Verhindern von Folgeschäden gilt nicht nur auf sachlicher Ebene, sondern auch im moralischen Bereich. Moralische Verantwortung lässt sich nicht exakt kontrollieren. Verantwortungsvolle Pflege zeichnet sich dadurch aus, dass sie über einen bestehenden Rechts- und Moralkodex hinausgeht, sie ist immer an persönliche Eigenschaften (Charakter) gebunden.

Im **Fallbeispiel** Herr Wieler (Kap. 1, S. 42) hat Pflegeperson A ihre rechtliche Verantwortung in Bezug auf die Durchführung der geplanten Pflegemaßnahmen vernachlässigt. Ihre moralische Verantwortung hat sie durch das Entlastungsgespräch und die nachfolgende patientenorientierte Vorgehensweise erfüllt.

> Verantwortliches Handeln setzt Fachwissen, Courage sowie die Selbstverpflichtung einer Person zu moralischem Handeln voraus. Ebenso muss sie die Bereitschaft aufbringen, alle Folgen ihres Handelns zu tragen.

2.7 Diskursethik

Die **Diskursethik** ist im Ansatz deontologisch, kognitivistisch, formalistisch, universalistisch und auf Gerechtigkeit fokussiert

Die Diskursethik wurde von Karl Otto Appel (1922–2017) begründet und von Jürgen Habermas (*1929) weiterentwickelt. In modernen pluralistischen Gesellschaften mit globalen Herausforderungen durch die rasante wissenschaftliche, technologische und industrielle Entwicklung ergeben sich komplexe ethische Fragestellungen, die nach einer gemeinsamen Bewältigung verlangen. Wenn veraltete Orientierungstraditionen aufgebrochen werden, braucht es ein Verfahren, um problematisch gewordene Geltungsansprüche zu prüfen und ethische Normen zu formulieren, die auch in einer modernen Demokratie unbedingt gelten sollen und von allen Betroffenen akzeptiert werden können.

Habermas' Konzeption schließt in einigen Punkten an die Tradition Kants an (eine ebenfalls rein formale deontologische Ethik), geht dabei aber über die individualistischen Prämissen hinaus. Anders als Kant tritt bei Habermas das Verfahren der moralischen Argumentation an die Stelle des kategorischen Imperativs und es wird auf eine Letztbegründung verzichtet. Im Gegensatz zu Kant sucht Habermas die Überwindung des innerlichen monologischen Ansatzes. Geltende Handlungsnormen und das moralisch Richtige werden durch Intersubjektivität, also durch einen konsensorientierten Diskurs erarbeitet und begründet (vgl. Habermas, 2009, S. 129). Die normative Richtigkeit als wahrheitsanaloger Geltungsanspruch kommt durch vernünftige Argumente mit universaler Gültigkeit zustande (vgl. Habermas, 2009, S. 118 f.). Der Diskurs muss die Grenzen einer konkreten Gemeinschaft transzendieren und darf nicht durch die Präferenz von (kulturellen) Werten geleitet werden (vgl. Habermas, 2009, S. 108).

Auch bei Habermas geht es um die Sollgeltung von Handlungsnormen. Die Normbegründung stellt einen Formalismus dar, d.h. ein formales Verfahren zur Normenprüfung (keine konkrete Handlungsanweisung). Der praktische Diskurs bezeichnet also ein Verfahren und gibt keine inhaltliche Orientierung vor. Vielmehr dient der Diskurs der „Prüfung der Gültigkeit vorgeschlagener und hypothetisch erwogener Normen. Praktische Diskurse müssen sich ihre Inhalte geben lassen" (a.a.O., S. 108 f.). Damit behält der Diskurs eine Ergebnisoffenheit. Zudem kann ein ethischer Rigorismus (Kant) überwunden und ein vernünftiger Konsens für geltende Handlungsnormen in einer wertpluralen Gesellschaft erreicht werden.

Habermas formuliert zwei zentrale Grundsätze, die jeder Diskurs berücksichtigen muss: das Diskursprinzip (D) und das Universalisierungsprinzip (U).

- Dem diskursethischen Prinzip zufolge „darf eine Norm nur dann Geltung beanspruchen, wenn alle von ihr möglichen Betroffenen als Teilnehmer eines praktischen Diskurses Einverständnis darüber erzielen (bzw. erzielen würden), daß diese Norm gilt" (Habermas, 1983, S. 76).

  *Beispiel: Eine vorgeschlagene pflegerische Handlungsnorm kann im praktischen Diskurs durch das diskursethische Moralprinzip auf ihre Geltung überprüft werden: Diese Patient*innen sollten wir nach dem Konzept der Validation betreuen, obwohl die Zeit- und Personalressourcen überaus knapp sind. Wenn nun die Handlungsnorm im Diskurs von allen Beteiligten als richtig beurteilt wird, hat die Norm die Prüfung bestanden und kann als ethisch gerechtfertigt gelten.*

- Nach dem Universalisierungsprinzip muss „jede gültige Norm der Bedingung genügen, daß die Folgen und Nebenwirkungen, die sich jeweils aus ihrer allgemeinen Befolgung für die Befriedigung der Interessen eines jeden Einzelnen (voraussichtlich) ergeben, von allen Betroffenen akzeptiert (und den Auswirkungen der alternativen Regelungsmöglichkeiten vorgezogen) werden können" (Habermas, 2009, S. 75 f.).

Universalistisch bedeutet demnach auch, „daß dieses (oder ein ähnliches) Moralprinzip nicht nur die Intuition einer bestimmten Kultur oder bestimmten Epoche ausdrückt, sondern allgemein gilt" (Habermas, 2009, S. 119). Die Verständigung über die Verallgemeinerungsfähigkeit von Werten oder Interessen wie Gleichbehandlung, Solidarität und allgemeines Wohl spiegelt sich im Ergebnis eines intersubjektiv veranstalteten öffentlichen Diskurses wider (vgl. Habermas, 2009, S. 125, 129).

Kontrafaktische Voraussetzungen eines praktischen Diskurses
Die argumentative Prüfung problematischer Normen erfolgt unter dem Ideal eines herrschaftsfreien Diskurses. Zu den normativen Bedingungen einer idealen Kommunikationsgemeinschaft gehören nach Habermas die Öffentlichkeit des Zugangs, die gleichberechtigte Teilnahme, die Wahrhaftigkeit der Teilnehmer*innen (sie müssen meinen, was sie sagen) und die Zwanglosigkeit der Stellungnahme (Anerkennung jedes Arguments als gleich wertvoll, ohne innere oder äußere Zwänge durch Machtstrukturen wie Autoritäten usw.). In der Realität sind diese Bedingungen zwar niemals vollständig erfüllt, denn in realen Diskursen sind immer auch Machtverhältnisse im Spiel. Das kontrafaktische Ideal eines herrschaftsfreien Diskurses ermöglicht jedoch eine Kritik an machtorientierten oder manipulativen Praktiken in der argumentativen Suche nach moralischen Problemlösungen (vgl. Habermas, 2009, S. 196, 227). Habermas (1983, S. 97 ff.) formuliert Diskursregeln für die kommunikative Realität auf drei Ebenen:

1 Logische Ebene

(1.1) Kein/-e Sprecher*in darf sich widersprechen.

(1.2) Jede/-r Sprecher*in, der/die ein Prädikat F auf einen Gegenstand a anwendet, muss bereit sein, F auf jeden anderen Gegenstand, der a in allen relevanten Hinsichten gleicht, anzuwenden.

(1.3) Verschiedene Sprecher*innen dürfen den gleichen Ausdruck nicht mit verschiedenen Bedeutungen benutzen.

Auf dieser Ebene werden logische und semantische Regeln vorausgesetzt, sie haben keinen ethischen Gehalt. Die Vernunft bildet die Argumentationsvoraussetzung zur Wahrheits- und Geltungsfindung für die Diskursteilnehmer*innen.

2 Dialektische Ebene

(2.1) Jede/-r Sprecher*in darf nur das behaupten, was er/sie selbst glaubt.

(2.2) Wer eine Aussage oder Norm, die nicht Gegenstand der Diskussion ist, angreift, muss hierfür einen Grund angeben.

Auf dieser Ebene geht es um die Prüfung der Geltungsansprüche von Normen (in Konfliktsituationen). Pragmatische Voraussetzungen für eine kooperative Wahrheitssuche erfordern z.B. die reziproke (wechselseitige) Anerkennung der Zurechnungsfähigkeit anderer sowie die Aufrichtigkeit aller Teilnehmer*innen.

3 Rhetorische Ebene

(3.1) Jedes sprach- und handlungsfähige Subjekt darf an Diskursen teilnehmen.

(3.2) a. Jede/-r darf jede Behauptung problematisieren.
b. Jede/-r darf jede Behauptung in den Diskurs einführen.
c. Jede/-r darf seine/ihre Einstellungen und Bedürfnisse äußern.

(3.3) Kein/-e Sprecher*in darf durch innerhalb oder außerhalb des Diskurses herrschenden Zwang daran gehindert werden, seine/ihre obigen Rechte wahrzunehmen.

Diese Ebene beansprucht, dass alle vernünftigen Subjekte mit argumentativen Fähigkeiten (Sprach- und Handlungsfähigkeit) inkludiert sind und gleiche Chancen haben, ihre Argumente einzubringen. Demnach gilt für reale Diskurse, dass „(a) alle irgend relevanten Stimmen Gehör finden, (b) die besten aller beim gegenwärtigen Wissensstand verfügbaren Argumente zur Geltung gelangen und (c) nur der zwanglose Zwang des besseren Arguments, der die Akzeptanz bzw. die Ja- und Nein-Stellungnahmen der Teilnehmer bestimmt" (vgl. Habermas, 2009, S. 162).

Diese Regeln müssen von allen Beteiligten gewollt sein und sollen sicherstellen, dass alle Diskursteilnehmer*innen gleiche Rechte und Pflichten besitzen.

Bedeutung für die Pflege

Im pflegerischen Kontext kommt es immer wieder zu moralischen Konflikten, die nicht monologisch gelöst werden können und eine kooperative Kommunikation erfordern. Die Diskursethik gibt hierfür einen formalen Rahmen für inner- und interdisziplinäre Diskurse[5] vor, innerhalb dessen ein moralischer Diskurs bei komplexen ethischen Fragestellungen der Patientenbehandlung und -betreuung (z. B. Therapieoptionen bei nicht entscheidungsfähigen Menschen) erzielt werden kann. In einem diskursethischen Beratungsmodell geht es bei den Beteiligten um eine Perspektivenunterscheidung in der Fallanalyse, um eine ethische Verbesserung der moralischen Orientierung von ratsuchenden Handelnden zu erreichen. Im Rahmen eines Ethikkomitees artikulieren die Teilnehmer*innen nachvollziehbare moralische Gründe und Argumente für Beratende oder Entscheidungsträger*innen und formulieren dadurch rationale moralische Bewertungsgründe für ihre Urteilsbildung, ohne den Handelnden die Entscheidung abzunehmen. Gleichzeitig unterstützen sie eine faire Kommunikations- und Argumentationsgemein-

5 Z. B. ethische Fallbesprechungen, siehe dazu Kap. 4.

schaft, die obige Parameter erfüllt (vgl. Kettner, 2011, S. 49; siehe dazu auch Kap. 4.2, Umsetzung der ethischen Fallberatung).

Tabelle 8: Stärken und Schwächen der Diskursethik

Diskursethik	
+ vielfältige Anwendungsmöglichkeiten, wie Technik, Bioethik (Medizin, Pflege, Tierethik ...)	– Bei Dilemmasituationen bleibt es schwierig, diese durch den rationalen Diskurs aufzulösen
+ ethischer Rahmen für universelle Diskurse in pluralistischen Gesellschaften (bleibt nicht kulturgebunden)	– Verantwortung der Normermittlung bleibt im Kollektiv der Diskursteilnehmer*innen

2.8 Zur Reflexion

Die pflegerische Relevanz ethischer Positionen zur Urteilsbildung soll anhand eines Fallbeispiels aus dem pflegerischen Alltag veranschaulicht werden. Dadurch soll eine Verbindung zwischen ethischer Theorie und beruflicher Praxis hergestellt werden. Dieses Fallbeispiel dient der Einübung der Urteilsbildung und Argumentation. In der realen Praxis ist jedoch zu bedenken, dass keine ethische Theorie für sich stehen kann, um eine komplexe Situation umfassend abzudecken. Keine der angeführten Theorien und Ansätze ethischer Urteilsbildung erhebt Anspruch auf Vollständigkeit, zudem weisen sie im direkten Vergleich deutliche Widersprüche auf.

Fallbeispiel: Frau Biegler

Frau Lucia Biegler ist 82 Jahre alt. Sie lebt seit dem Tod ihres Gatten vor acht Jahren in einem Altenwohnheim. Frau Biegler hat ihren Mann, der an Krebs erkrankt ist, bis zu seinem Tod liebevoll gepflegt. Sie bezeichnet ihre Ehe als sehr glücklich, obwohl sie für ihren Mann, der als Anwalt eine Kanzlei führte, ihren geliebten Beruf als Operettensängerin hatte aufgeben müssen. Ihre ganze Aufmerksamkeit hatte ab diesem Zeitpunkt der gemeinsamen Tochter und ihrem Mann gehört. Nach seinem Tod traf Frau Biegler gemeinsam mit ihrer Tochter die Entscheidung, in ein Altenwohnheim zu ziehen, um auch in der Nähe der Tochter zu sein. Frau Biegler gilt als selbstbestimmte Person. Sie achtet sehr auf ihr Äußeres, entscheidet peinlich genau, welche Kleidung sie tagsüber trägt, ist sehr bedacht auf ihre Ausdrucksweise und hat große Angst davor, einmal dement oder pflegeabhängig zu werden. Sie neigt dazu, Betroffene zu belächeln, sagt auch regelmäßig, dass sie auf gar keinen Fall auf die Pflegestation möchte. Sie meint, dort hätte sie es nur mit kleinen „Dummerchen" zu tun. Auf keinen Fall möchte sie so werden wie diese …

Frau Biegler hat einen sehr guten und engen Kontakt zu ihrer Tochter, die sie jeden zweiten Tag besuchen kommt. Mehrmals täglich telefonieren sie. Wenn Frau Biegler das Gefühl hat, dass etwas passiert, das sie nicht kontrollieren kann, dann kann es auch vorkommen, dass sie bis zu 20-mal am Tag ihre Tochter anruft. Diese ist sehr geduldig, da sie ihrer Mutter keinen Wunsch abschlagen kann. Dennoch beklagt sie sich manchmal bei den Pflegekräften und erzählt, wie sehr sie diese vielen Anrufe belasten. Regelmäßig bittet sie die Pflegekräfte, ihre Mutter mehr zu beschäftigen und Aufregungen weitgehend zu vermeiden.

Aufgrund altersbedingter Veränderungen diskutiert das Pflegeteam schon seit einem halben Jahr darüber, Frau Biegler nun doch auf die Pflegestation zu verlegen, da sie auch in der Nacht sehr viel Betreuung benötigt und schon zweimal gestürzt ist, als sie alleine aufstand. Mehrere diesbezügliche Gespräche mit Frau Biegler haben zu massiven Gefühlsausbrüchen und sehr vielen Anrufen bei der Tochter geführt. Um die Bewohnerin nicht weiter zu gefährden, beschließt das Pflegeteam nun gemeinsam mit der Tochter, Frau Biegler doch zu verlegen. Die Tochter bittet darum, ihre Mutter über dieses Vorhaben nicht zu informieren.

Der Ablauf der Verlegung wird genau geplant: Bereits ein paar Tage davor wird Frau Biegler durch eine Kollegin von der Pflegestation betreut. Sie ist die neue Bezugsperson. Der Hausarzt verordnet Frau Biegler auf Bitten der Tochter ein leichtes Beruhigungsmittel, das sie schon eine Woche vor der Verlegung regelmäßig verabreicht bekommt. Frau Biegler soll genau jenes Zimmer erhalten, das zwei Stockwerke unter ihrem jetzigen Zimmer liegt. Am Tag der Transferierung wird sie von ihrer Tochter zu einem ganztägigen Ausflug abgeholt. Während dieser Zeit wird ihr Zimmer übersiedelt. Alle Gegenstände werden im neuen Zimmer exakt nach der bisherigen Anordnung platziert, alle Bilder werden genauso aufgehängt, auch die Zeitungen liegen in gleicher Ordnung am Nachttisch – genau so, wie sie ihr Zimmer am Morgen verlassen hat. Frau Biegler soll das Gefühl haben, schon immer in diesem Zimmer gewohnt zu haben. Wenn sie aus dem Fenster sieht, kann sie denselben Gartenabschnitt sehen wie zuvor, und sie wird von der gleichen Pflegeperson betreut wie an den Tagen davor.

Als Frau Biegler am Abend zurückkommt, ist sie über die Verlegung entsetzt. Viele Tage spricht sie mit niemandem, auch nicht mit ihrer Tochter, die nun jeden Tag im Heim verbringt. Sie möchte ihrer Mutter eine Stütze sein. Frau Bieglers Allgemeinzustand verschlechtert sich in den nächsten Monaten zunehmend. Sie verweigert jeglichen Kontakt zu den Mitbewohner*innen, verlässt ihr Zimmer nicht mehr und lehnt auch Besuche auf ihrer ehemaligen Station ab. Die Beziehung zu ihrer Tochter bessert sich langsam, Frau Biegler kann ihr die Verlegung aber nicht verzeihen.

- Wie lässt sich die Situation nach der kantischen Ethik beurteilen? Welche Argumente liefert sie dazu?
- Wie lässt sich die Situation aus utilitaristischer Sicht beurteilen?
- Wie lässt sich die Situation aus tugendethischer Sicht bewerten?
- Welche Prinzipien können zur Rechtfertigung herangezogen werden?
- Welche Prinzipien werden verletzt, welche Prinzipien geraten miteinander in Konflikt?
- Wie lässt sich die Situation aus der Perspektive der Care-Ethik beurteilen?
- Worin liegt die Verantwortung der Pflegeperson und wie lässt sich ihre Vorgehensweise rechtfertigen?
- Welches Vorgehen bietet die Diskursethik?
- Welche Handlungsalternative(n) könnte(n) hier noch gefunden werden?

Zum Nachlesen

Conradi, Elisabeth/Vosman, Frans (2016) (Hg.): Praxis der Achtsamkeit. Schlüsselbegriffe der Care-Ethik. Frankfurt/Main: Campus.
Dieser Sammelband bietet eine länderübergreifende und transdisziplinäre Auseinandersetzung mit Schlüsselbegriffen der Care-Ethik und ihren Bezügen zu philosophischen Traditionen.

Düwell, Marcus/Hübenthal, Christoph/Werner, Micha H. (Hg.) (³2011): Handbuch Ethik. Stuttgart, Weimar: Metzler.
Als übersichtlich strukturiertes Handbuch bietet es dem Leser nach der Klärung ethischer Grundbegriffe einen guten Einblick in ethische Theorien sowie Themen der angewandten Ethik.

Pauer-Studer, Herlinde (²2010): Einführung in die Ethik. Wien: Facultas.
Dieses Buch bietet eine kritische Einführung in ethische Theorien als Grundlagenwissen für die weitere Auseinandersetzung.

3 Pflegeethik

Innerhalb der philosophischen Ethik wird zwischen allgemeiner Ethik und angewandter Ethik unterschieden. Während sich die allgemeine Ethik mit den theoretischen Grundlagen des guten Lebens und richtigen Handelns beschäftigt, bezieht sich die angewandte Ethik auf spezifische Themen bzw. moralische Probleme in den unterschiedlichen Bereichen menschlicher Praxis und schafft eine Verbindung zwischen beiden Zugängen. Ethische Theorien und abstrakte Prinzipien können nicht direkt auf konkrete Problemsituationen angewandt werden, daher müssen ethische Verhaltenskriterien für den jeweils konkreten Praxisbereich spezifiziert werden, hinreichend klar formuliert und einfach anwendbar sein. Dieser Aufgabe widmen sich die einzelnen Bereichsethiken unter systematischer Reflexion und Aktualisierung ethischer Grundsätze. Die Umsetzung in der konkreten Situation verlangt eine ethische Kompetenz, die es auszubilden und zu fördern gilt.

Die Pflegeethik lässt sich als Bereichsethik verstehen, die versucht, das systematisch-philosophische Denken in direkten Bezug zum konkreten Handlungs- und Reflexionsfeld der Pflege zu setzen, um das jeweils Gute zu bestimmen. Die Pflegeethik weist Verbindungen und Schnittstellen zu anderen Bereichsethiken auf, insbesondere zur Medizinethik.

Die Aufgabe der Pflegeethik besteht in der Auseinandersetzung mit dem Berufsethos, den damit verbundenen ethischen Grundsätzen und der Vorstellung von guter Pflege in allen Handlungsfeldern der Pflege und ihrer ethischen Komplexität. Sie verfolgt das Ziel der Entwicklung und Stärkung eines professionellen, ethisch fundierten Pflegeverständnisses und beruflichen Selbstverständnisses. Erst die kontinuierliche kritische Reflexion mit den Instrumenten philosophischer Ethik als integraler Bestandteil professioneller Pflege ermöglicht eine verantwortungsvolle und ethisch zu begründende Pflegepraxis (vgl. Monteverde, 2012, S. 26 f.; Kuhn, 2018, S. 206).

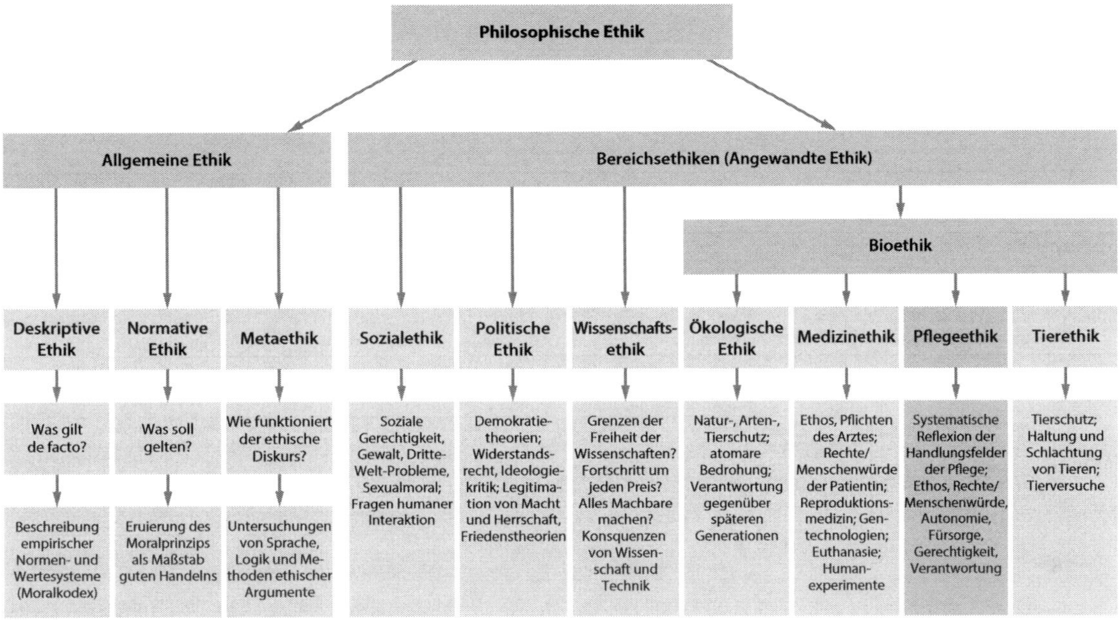

Abbildung 6: Philosophische Ethik
(in Anlehnung an Pieper/Turnherr 1998, S. 9)

Pflegeethik umfasst nach Monteverde (2012, S. 27) die

- „**systematische Reflexion des jeweils geltenden Berufsethos** resp. geltender Vorstellungen von guter Pflege, wie sie sich etwa in Kodizes, Pflegetheorien und -konzepten niederschlagen,
- unter den **Rahmenbedingungen ethischer Komplexität**, die durch die horizontale und vertikale Spezialisierung von Pflege bedingt ist. (Horizontale Spezialisierung beinhaltet z. B. Casemanagement, Prävention und Gesundheitsförderung, Palliative Care u. a., vertikale Spezialisierung bezieht sich auf institutionelle Verantwortungsaufgaben wie z. B. Fragen der Allokation von Ressourcen, Qualitätsmanagement, Forschung u. a.)
- mit den **Instrumenten der philosophischen Ethik**, die für jede Bereichsethik konstitutiv sind."

Die Aufgabe der Pflegeethik besteht also darin, grundlegende normative Richtlinien (Ethikkodex) und Kriterien bereitzustellen, die pflegerisches Handeln leiten sollen und konkretes pflegerisches Fachwissen ebenso einfordern wie moralische Sensibilität, um moralische Konflikte und Probleme in konkreten Situationen wahrzunehmen, zu reflektieren und ethisch fundierte Argumente des Handelns zu definieren.

Im Anschluss daran sollen das berufsspezifische Ethos und die Bedeutung von Berufskodizes in den speziellen Handlungsfeldern der Pflege dargestellt werden.

3.1 Berufsethische Richtlinien

Das Berufsethos der Pflege wird im Berufskodex zusammengefasst und beinhaltet bestimmte Wertvorstellungen, Verhaltensnormen, Tugenden und Ziele des Pflegeberufes im gesellschaftlichen Kontext. Ein wichtiges Dokument zur Orientierung an ethischen Grundsätzen bietet der internationale Ethikkodex für Pflegende.

Vorläufer dieses international gültigen Berufskodex war das „Florence-Nightingale-Gelübde" aus dem 19. Jh., das Absolvent*innen zahlreicher Krankenpflegeschulen bei ihrer Diplomierung ablegten. Nightingale war eine englische Krankenpflegerin, Gründerin der ersten Krankenpflegeschule in London (1860) und Pionierin der professionellen und modernen Pflegeausbildung.

Florence Nightingale
(1820–1910)

Das Nightingale-Gelübde fand parallel zum Eid des Hippokrates Anerkennung.

Florence Nightingale Pledge

„I solemnly pledge myself before God and in the presence of this assembly to pass my life in purity and to practice my profession faithfully. I will abstain from whatever is deleterious or mischievous and will not take or knowingly administer any harmful drug. I will do all in my power to elevate the standard of my profession, and will hold in confidence all personal matters committed to my keeping and all family affairs coming to my knowledge in the practice of my calling. With loyalty will I endeavor to aid the physician in his work and devote myself to the welfare of those committed to my care."

Florence-Nightingale-Gelübde

„Ich gelobe feierlich vor Gott und in Gegenwart dieser Versammlung, dass ich ein reines Leben führen und meinen Beruf in Treue ausüben werde. Ich werde mich alles Verderblichen und Bösen enthalten und will wissentlich keine schädlichen Arzneien nehmen und verabreichen. Ich will alles tun, was in meiner Macht steht, um den Stand meines Berufes hochzuhalten und zu fördern, und ich will über alle persönlichen Dinge, die mir anvertraut werden, Schweigen bewahren; ebenso über alle Familienangelegenheiten, von denen ich in der Ausübung meines Berufes Kenntnis hatte. In Treue will ich danach streben, dem Arzte in seiner Arbeit zu helfen, und mich ganz einsetzen für das Wohl derer, die meiner Pflege anvertraut sind."

Einige Aspekte des Nightingale-Gelübdes haben heute nach wie vor Gültigkeit, wie beispielsweise Patient*innen nicht zu schaden, Mitgefühl und die Verschwiegenheit. Andere Inhalte wiederum haben sich verändert. Mit der Emanzipation der Frau und zunehmender Professionalisierung des Pflegeberufes um die Mitte des 20. Jh. entstand das Bedürfnis, das Ideal als tugendhafte Dienerin und unreflektierte Helferin des Arztes aufzulösen. Der Wandel vollzog sich in Richtung einer eigenen Profession mit einem eigenverantwortlichen Tätigkeitsbereich. Es wurden eigene Verhaltensregeln erarbeitet, die an die aktuelle Situation der Pflege angepasst waren und den Anspruch auf Anerkennung einer eigenen Disziplin neben der Medizin zum Ausdruck brachten. Berufsverbände formulierten weltweit pflegeethische Kodizes, in denen der Begriff des Patientenwohls und die Beziehung, in welcher die Pflege stehen soll, definiert werden.

3.1.1 Funktionen von Berufskodizes

Es können **vier Funktionen oder Ziele** unterschieden werden:

- Berufskodizes zeigen der Gesellschaft, dass die Gesundheits- und Krankenpflegepersonen das ihnen entgegengebrachte Vertrauen und die Verantwortung verstehen und akzeptieren.
- Sie bieten Richtlinien für professionelles Verhalten und professionelle Beziehungen als Grundlage für ethisch verantwortliches Handeln.

- Sie beschreiben die Position der Gesundheits- und Krankenpflegepersonen in ihrer Beziehung zu den Patient*innen als die von Patientenvertreter*innen, zu den Tätigen in anderen Berufen als die von Kolleg*innen, zum Pflegeberuf als die von loyalen Mitarbeiter*innen und zur Gesellschaft als die von Repräsentant*innen des Gesundheitswesens als Ganzes.
- Berufskodizes bieten der Berufsgruppe ein Mittel zur Selbstregulation (vgl. v. d. Arend/Gastmans, 1996, S. 56).

Berufskodizes nennen Verhaltensnormen und allgemein anerkannte Tugenden, jedoch können sie keine Handlungsanweisungen für konkrete Situationen anbieten. Sie stellen eine Orientierungshilfe für das Handeln und Entscheiden im pflegerischen Alltag dar. In berufsethischen Normen können nur Mindeststandards festgeschrieben werden, die durch ihre abstrakte und formale Fassung dem Anspruch auf universale Gültigkeit genügen sollen.

> Ein Berufskodex bildet „ein zusammenhängendes Ganzes von ethischen Prinzipien und Regeln bezüglich der Ziele und Werte eines Berufes und der Haltung und des Verhaltens, die für das Fördern und Evaluieren des beruflichen Handelns notwendig sind" (v. d. Arend/Gastmans, 1996, S. 56).
>
> Ein Berufskodex gibt der Gesellschaft gegenüber Auskunft über Werte, Normen und Tugenden, an denen eine Berufsgruppe ihr Handeln ausrichtet.

Die Inhalte des ICN-Ethikkodex sollen im folgenden Kapitel näher dargestellt werden.

3.1.2 ICN-Ethikkodex für Pflegende

Das Berufsethos mit bestimmten Normen und Werten steht im Mittelpunkt der Pflege und soll das pflegerische Handeln leiten. Der **ICN-Ethikkodex** als der bekannteste Berufskodex im Pflegebereich stellt eine Richtlinie für die Orientierung an Verhaltensnormen und Tugenden auf internationaler Ebene dar.

Die Erstfassung eines internationalen Ethikkodex' wurde 1953 vom Weltbund der Krankenschwestern und Krankenpfleger angenommen. Der Kodex wurde seither mehrmals angepasst und bestätigt. Die regelmäßige ethische Reflexion und Überprüfung des Ethikkodex' ist unabdingbar, damit die darin geforderten Richtlinien im Einklang mit dem gegenwärtigen Zeitgeist stehen, dem pflegerischen Selbstverständnis oder den gesellschaftlichen Erwartungen entsprechen (vgl. Monteverde, 2012, S. 28 f.). Die letzte Überarbeitung wurde im Jahr 2012 vorgenommen und liegt seit 2014 in deutscher Übersetzung durch den Österreichischen Gesundheits- und Krankenpflegeverband (ÖGKV), den Schweizer Berufsverband der Pflegefachfrauen und Pflegefachmänner (SBK) und den Deutschen Berufsverband für Pflegeberufe (DBfK) vor.

ICN = International Council of Nurses (Weltbund der Krankenschwestern und Krankenpfleger)

Der ICN besteht seit 1899 und setzt sich aus mehr als 130 nationalen Berufsverbänden der Pflege zusammen. Er vertritt weltweit Millionen von Pflegenden.
Das Ziel ist Pflege von hoher Qualität für alle sicherzustellen und sich für eine vernünftige Gesundheitspolitik weltweit einzusetzen

ICN-Ethikkodex für Pflegende

Präambel

Pflegende haben vier grundlegende Aufgaben: Gesundheit zu fördern, Krankheit zu verhüten, Gesundheit wiederherzustellen und Leiden zu lindern. Es besteht ein universeller Bedarf an Pflege.

Untrennbar von Pflege ist die Achtung der Menschenrechte, einschließlich kultureller Rechte, des Rechts auf Leben und Entscheidungsfreiheit auf Würde und auf respektvolle Behandlung. Pflege wird mit Respekt und ohne Wertung des Alters, der Hautfarbe, des Glaubens, der Kultur, einer Behinderung oder Krankheit, des Geschlechts, der sexuellen Orientierung, der Nationalität, der politischen Einstellung, der ethnischen Zugehörigkeit oder des sozialen Status ausgeübt.
Die Pflegende übt ihre berufliche Tätigkeit zum Wohle des Einzelnen, der Familie und der sozialen Gemeinschaft aus; sie koordiniert ihre Dienstleistungen mit denen anderer beteiligter Gruppen.

Der ICN-Kodex

Der ICN-Ethikkodex für Pflegende umfasst vier Grundelemente, die den Standard ethischer Verhaltensweisen bestimmen.

Elemente des Kodex

1. Pflegende und ihre Mitmenschen

Die grundlegende professionelle Verantwortung der Pflegenden gilt dem pflegebedürftigen Menschen.
Bei ihrer professionellen Tätigkeit fördert die Pflegende ein Umfeld, in dem die Menschenrechte, die Wertvorstellungen, die Sitten und Gewohnheiten sowie der Glaube des Einzelnen, der Familie und der sozialen Gemeinschaft respektiert werden.
Die Pflegende gewährleistet, dass die pflegebedürftige Person zeitgerecht die richtige und ausreichende Information auf eine kulturell angemessene Weise erhält, auf die sie ihre Zustimmung zu ihrer pflegerischen Versorgung und Behandlung gründen kann.
Die Pflegende behandelt jede persönliche Information vertraulich und geht verantwortungsvoll mit der Weitergabe von Information um.

Die Pflegende teilt mit der Gesellschaft die Verantwortung, Maßnahmen zugunsten der gesundheitlichen und sozialen Bedürfnisse der Bevölkerung, besonders der von benachteiligten Gruppen, zu veranlassen und zu unterstützen.
Die Pflegende setzt sich für Gleichheit und soziale Gerechtigkeit bei der Verteilung von Ressourcen, beim Zugang zur Gesundheitsversorgung und zu anderen sozialen und ökonomischen Dienstleistungen ein.
Die Pflegende zeigt in ihrem Verhalten professionelle Werte wie Respekt, Aufmerksamkeit und Eingehen auf Ansprüche und Bedürfnisse, sowie Mitgefühl, Vertrauenswürdigkeit und Integrität.

2. Pflegende und die Berufsausübung

Die Pflegende ist persönlich verantwortlich und rechenschaftspflichtig für die Ausübung der Pflege sowie für die Wahrung ihrer fachlichen Kompetenz durch kontinuierliche Fortbildung.
Die Pflegende achtet auf ihre eigene Gesundheit, um ihre Fähigkeit zur Berufsausübung nicht zu beeinträchtigen.
Die Pflegende beurteilt die Fachkompetenzen der Mitarbeitenden, wenn sie Verantwortung delegiert.
Die Pflegende achtet in ihrem persönlichen Verhalten jederzeit darauf, ein positives Bild des Pflegeberufes zu vermitteln und das Ansehen sowie das Vertrauen der Bevölkerung in den Pflegeberuf zu stärken.
Die Pflegende gewährleistet bei der Ausübung ihrer beruflichen Tätigkeit, dass der Einsatz von Technologie und die Anwendung neuer wissenschaftlicher Erkenntnisse vereinbar sind mit der Sicherheit, der Würde und den Rechten der Menschen.
Die Pflegende strebt danach, in der beruflichen Praxis eine Kultur ethischen Verhaltens und offenen Dialoges zu fördern und zu bewahren.

3. Pflegende und die Profession

Die Pflegende übernimmt die Hauptrolle bei der Festlegung und Umsetzung von Standards für die Pflegepraxis, das Pflegemanagement, die Pflegeforschung und Pflegebildung.
Die Pflegende beteiligt sich an der Entwicklung forschungsbasierter beruflicher Kenntnisse, die eine evidenzbasierte Berufsausübung unterstützt.
Die Pflegende beteiligt sich an der Entwicklung und Aufrechterhaltung von zentralen professionellen Werten.
Über ihren Berufsverband setzt sich die Pflegende für die Schaffung einer positiven Arbeitsumgebung und für den Erhalt von sicheren, sozial gerechten und wirtschaftlichen Arbeitsbedingungen in der Pflege ein. Die Pflegende handelt zur Bewahrung und zum Schutz der natürlichen Umwelt und ist sich deren Bedeutung für die Gesundheit bewusst.
Die Pflegende trägt zu einem ethisch verantwortlichen Arbeitsumfeld bei und engagiert sich gegen unethisches Handeln und unethische Rahmenbedingungen.

4. Pflegende und ihre Kolleginnen

Die Pflegende sorgt für eine gute und respektvolle Zusammenarbeit mit ihren Kolleginnen und mit den Mitarbeitenden anderer Bereiche.
Die Pflegende greift zum Schutz des Einzelnen, der Familie und der sozialen Gemeinschaft ein, wenn deren Wohl durch eine Pflegende oder eine andere Person gefährdet ist.
Die Pflegende ergreift geeignete Schritte, um Mitarbeitende bei der Förderung ethischen Verhaltens zu unterstützen und zu leiten.

Wie aus den Ausführungen erkennbar ist, finden in diesem Ethikkodex alle wichtigen Interessen im Zusammenhang mit dem Pflegeberuf Berücksichtigung. Allerdings ist dieser international gültige Ethikkodex sehr allgemein formuliert und kann die ethische Reflexion beruflichen Handelns nicht ersetzen.

3.2 Handlungsfelder der Pflege

Lay (^{2}2012, S. 85) bezeichnet Pflegeethik als „Reflexion moralischer Aspekte in den Handlungsfeldern der Disziplin Pflege (Pflegepraxis, Pflegemanagement, Pflegepädagogik und Pflegewissenschaft)". Die einzelnen Bereiche der Pflege beinhalten unterschiedliche Schwerpunkte, in deren Rahmen sich moralische Fragen stellen.

3.2.1 Pflegepraxis

Die Pflegepraxis ist gekennzeichnet durch komplexe Situationen, die physisch, psychisch und existenziell herausfordernd sind. Dies erfordert nicht nur fachliche, sondern auch ethische Kompetenz.

Ethische Reflexion der Pflegepraxis bezieht sich auf das direkte Pflegehandeln an Patient*innen und ihren Bezugspersonen in allen pflegerischen Settings. Spannungsfelder, mit denen Pflegende befasst sind, können inner- und interdisziplinär angelegt sein. Eine besonders enge Kooperation besteht mit den Ärzt*innen. Der medizintechnische Fortschritt – vor allem im letzten Jahrhundert – brachte u. a. auch schwerwiegende ethische Probleme mit sich, von deren Auswirkungen im Speziellen die Pflege betroffen ist. Die Interessen und Wertvorstellungen unter den Beteiligten können sehr verschieden ausfallen. Dies macht es erforderlich, die Entwicklung einer eigenen Berufsidentität voranzutreiben, klinische Situationen eigenständig wahrzunehmen, einzuschätzen, zu beurteilen und entsprechend der ethischen Ansprüche der Pflege zu handeln. Die systematische Reflexion leistet einen wichtigen Beitrag, um die berufliche Identität nach außen wie nach innen zu stärken. Pflegende sind aufgerufen, im Rahmen ihrer Handlungsspielräume selbst zu reflektieren und Entscheidungen, die ihr berufliches Handeln unmittelbar betreffen, selbstständig zu fällen und zu verantworten (vgl. Großklaus-Seidel, 2002, S. 161 f.). Pflegerische Entscheidungen, Handlungen und Unterlassungen haben Konsequenzen. Bestmögliche Pflege zu gewährleisten, erfordert ethische Kompetenz. Riedel et al. (2017, S. 164 f.) formulieren sechs Aspekte ethischer Kompetenz:

- „Die Kenntnis ethischer Grundlagen professionellen Handelns,
- die Sensibilität für ethische Konfliktsituationen im Pflegealltag sowie im Kontext institutioneller und gesellschaftlicher Entwicklungen,
- die Identifikation und Analyse konkreter ethischer Fragestellungen,
- Empathiefähigkeit und die Fähigkeit zum Perspektivenwechsel,
- Diskurs- und Konfliktfähigkeit sowie die Konsensorientierung in der Wahrnehmung der Verantwortung als professionell Pflegende,
- Reflexion und Begründung beruflichen Handelns unter Einbezug ethischer Normierungen der Pflege und anderer Heilberufe."

Monteverde (2015, S. 317) sieht die vordringlichste Aufgabe der Pflege darin, ihre Expertise, die in Auseinandersetzung mit der eigenen Praxis entstanden ist, in die ethischen Diskurse der Medizin, der Gesellschaft und der Politik hineinzutragen.

Ein berufliches Selbstkonzept und eigenständiges Arbeiten mit hoher Eigenkompetenz wirken sich positiv auf den konstruktiven Umgang mit Verantwortung aus. Dies fördert die Entwicklung der Pflegekultur eines Teams, mit der sich die Teammitglieder identifizieren können und die getragen ist durch eine offene und wertschätzende Kommunikationskultur sowie einen konstruktiven Umgang mit Fehlern (vgl. Tewes, 2002, S. 327 ff.).

3.2.2 Pflegemanagement

Das Pflegemanagement hat die Aufgabe des Führens, Leitens und Managens in unterschiedlichen Gesundheits- und Pflegeeinrichtungen und muss diese Prozesse regelmäßig reflektieren. Das Pflegemanagement ist verantwortlich dafür, dass ethische Rahmenbedingungen für eine gerechte und gute Zusammenarbeit in einer Organisation bereitgestellt werden. Durch die hohen Anforderungen an das Pflegemanagement von mehreren Seiten kann es zu einem Spannungsverhältnis zwischen Ethik und Ökonomie kommen, was die Verwirklichung persönlicher und beruflicher Werthaltungen begrenzen kann (vgl. Giese, 2012, S. 159). Dies betrifft insbesondere Sparmaßnahmen beim Personal und ungünstige bzw. schlechte Arbeitsbedingungen (Personalmangel, Ausübung von Tätigkeiten, für die das Pflegepersonal nicht qualifiziert ist, institutionelle und rechtliche Auflagen, die mit den Pflegeanforderungen kollidieren) (vgl. Wöhlke/Wiesemann, 2016, S. 281). Das Pflegemanagement ist verantwortlich, die Position der Pflege klar zu vertreten, damit pflegerische Erfordernisse nicht dem Diktat der Ökonomie untergeordnet werden (vgl. Giese, 2012, S. 159). Ein organisatorisches Klima mit mangelnder Transparenz und institutionellen Zwängen, in dem sich Pflegende in Veränderungsprozesse nicht involviert sehen, führt zu moralischem Stress (vgl. Wöhlke, 2018, S. 42 ff.).

Der Studie von Graeb (2019) zufolge erleben Pflegende eine Vielzahl an ethischen Konflikten in ihrem Berufsalltag, und zwar tendenziell häufig oder regelmäßig. Dieses Belastungserleben weist auf Mängel der ethischen Reflexionsfähigkeit hin oder alternativ auf deren Verhinderung im

Arbeitsalltag, wodurch es „lediglich auf dem Stand des ‚Schlechtes-Gefühl-Äußerns' stagniert" (Graeb, 2019, S. 83). Aus den Ergebnissen leitet Graeb die Notwendigkeit ab, Pflegende in ihrer ethischen Kompetenz zu stärken, um mit moralischem Stress umgehen zu können. Dadurch könnten sie einerseits ihr moralisches Unwohlsein besser artikulieren und nach eigenen Wertvorstellungen begründen, andererseits könnten häufig auftretende Konfliktthemen eher im therapeutischen Team auf einer gemeinsamen Ebene diskutiert werden (Graeb, 2019, S. 85–89).

Es zählt zu den Aufgaben des Managements, eine aktive Beeinflussung der Wertekultur in einer Organisation zu übernehmen und ein ethisches Bewusstsein für eine verantwortliche Patientenversorgung zu schaffen und zu fördern. Pflegeethik muss organisiert werden, damit Ethik in der Pflegepraxis gelebt werden kann. Die Führungskräfte sind verantwortlich für die Implementierung und Institutionalisierung struktureller Rahmenbedingungen für ethische Reflexion und Ethikberatung im inner- und interdisziplinären Setting (z. B. Fallbesprechungen, Fort- und Weiterbildungen zu ethischen Themen). Die Partizipation der Leitung des Pflegedienstes an den Prozessen ethischen Reflektierens kann die Aufmerksamkeit und Handlungssicherheit in Teams unterstützen und nachhaltig stärken (Dingens, 2018, S. 202).

3.2.3 Pflegewissenschaft

Die Pflegewissenschaft hat die Forschung auf allen Gebieten der Pflege vor dem Hintergrund ethischer Grundsätze im Blick. Darunter fällt etwa der Personenschutz bei der Verantwortbarkeit von Forschungsprojekten sowie die korrekte Anwendung von Forschungsmethoden (vgl. Mayer, 2011, S. 55).

Professionelle Pflege basiert auf dem aktuellen Stand pflegerischer Forschungsergebnisse und hilft, Pflegeprobleme zu erkennen, adäquat darauf zu reagieren und zu agieren. Dies setzt wissenschaftliche Forschung voraus, die jedoch aufgrund der Anwendung unterschiedlicher Forschungsmethoden ethisch nicht neutral ist (vgl. Schnell/Heinritz, 2006, S. 16). Pflegewissenschaftliche Erkenntnisse müssen daher auf einer soliden ethischen Basis des humanen Umgangs, der Würde und Autonomie begründet sein. Häufig richtet sich Forschung auch an vulnerable bzw. schutzbedürftige Patient*innen, die es vor physischen und psychischen Verletzungen zu schützen gilt, und es bedarf der Einhaltung von definierten forschungsethischen Richtlinien. Der Schutz der Person vor möglichen negativen Auswirkungen steht im Vordergrund und erfordert von den Forscher*innen einen sensiblen Umgang und gründliche Überlegungen zum Forschungsvorhaben (Hiemetzberger, 2013, S. 110).

Erstrebenswert ist die Präsenz von Pflegewissenschafter*innen in Ethikkommissionen, in denen ethische Fragen medizin- bzw. pflegetechnischer Entwicklungen diskutiert und begründet werden.

3.2.4 Pflegepädagogik

In der Pflegepädagogik geht es zum einen um die ethische Dimension der Lehre und der Lernbegleitung sowie um die ethisch begründeten Entscheidungen des Ausbildungsalltages. Zum anderen umfasst die Pflegepädagogik die ethischen Dimensionen pflegeberuflichen Handelns am Lernort Praxis in den unterschiedlichen (Handlungs-)Bereichen.

Pflegepädagog*innen sind aufgefordert, ihr pädagogisches Handeln und die damit verbundenen Interventionen in Bezug auf Motivation und Begründung pädagogischer Zielsetzung und Didaktik sowie in Bezug auf moralische Aspekte im Kontext von Lehr- und Prüfungssituationen auf ihre ethische Vertretbarkeit hin zu reflektieren und zu verantworten. Sie haben neben der Vermittlung von Grundlagenwissen die Aufgabe,

Auszubildende in ihrer ethischen Kompetenzentwicklung zu begleiten, sie für ethische Fragestellungen zu sensibilisieren und sie zu ermutigen, Vorkommnisse aus ihrem Praktikum im Sinne von moralischen Unsicherheiten, Konflikten und Dilemmata zu reflektieren und zu kommunizieren. Ethisches Konfliktpotenzial in Pflege- und Beziehungsprozessen bergen vor allem Dispositionen wie Diversität, Wertepluralität, asymmetrische Beziehungen und Interaktionen, Machtgefälle, Abhängigkeitsverhältnis, Wissensdiskrepanz, Erfahrungsdiskrepanz und normative Rahmenbedingungen.

Ethische Reflexion erfordert hohe Sensibilität gegenüber konkreten Vorfällen in der Praxis, Mut, diese zu kommunizieren und die Bereitschaft, sich damit auseinanderzusetzen und sich ein ethisches Urteil zu bilden. Die affektive Komponente ethischer Bildung schafft durch die Reflexion und Auseinandersetzung mit konkreten Situationen einen erfahrbaren und eindrücklichen Bezugspunkt zu ethischen Problemfeldern (vgl. Riedel/Lehmeyer, 2013, S. 241 f.). Eine solche Auseinandersetzung darf nicht beliebig nach subjektiven Bewertungskriterien stattfinden. Sie verlangt nach ethisch fundierten Argumenten. Dies erfordert die Förderung und Einübung einer immerwährenden ethischen Reflexion (Wertanalyse) und Urteilsbildung für die Pflegepraxis anhand von geeigneten Methoden, um die ethische Kompetenz der Auszubildenden zu fördern und situativen moralischen Stress zu reduzieren (siehe dazu Kap. 4).

Die ethische Kompetenzentwicklung muss über das kognitive Lernen hinausgehen und auch die affektive Ebene erfassen. Im Umgang mit gebrechlichen und vulnerablen Menschen sind didaktische Konzepte, die sich mit Phänomenen wie Verletzlichkeit, Leid, Abhängigkeit, Ekel, Scham, Nähe und Distanz, Berührung und asymmetrischen Beziehungsstrukturen beschäftigen, eine wertvolle Zugangsweise des leiblichen

Einfühlens. In den beschriebenen Handlungsfeldern insbesondere der Pflegepraxis und Pflegepädagogik geht es um personenbezogene Arbeit, die durch erfahrungsorientierte Lehr- und Lernkonzepte zur Care-Ethik erworben bzw. verbessert werden kann.

Vanlaere, Timmermann und Grypdonck (2016, S. 233–237) haben ein didaktisches Konzept zur Kompetenzentwicklung care-ethischen Handelns durch praktisches Erfahren, das sogenannte „sTimul-Projekt", entwickelt. Sie gehen davon aus, dass ethische Kompetenz besonders effektiv durch leibliches Einfühlen und Perspektivenwechsel (affektive Lernprozesse) erlernbar ist.

3.3 Care-Konzepte zur praktischen Aneignung

Care-ethische Praxis muss in allen Handlungsfeldern der Pflege wie der Pflegepraxis, Pflegewissenschaft, Pflegemanagement und Pflegepädagogik gelebt werden können. Gelebte care-ethische Praxis braucht geeignete Lehr- und Lernkonzepte.

Vanlaere, Timmermann und Grypdonck (2016) haben sich mit der Kompetenzentwicklung care-ethischen Handelns durch praktisches Erfahren befasst und das care-ethische Laboratorium sTimulin entwickelt. Im Anschluss an Tronto (1993), die Care als erfahrungsbezogene Handlungsweise betrachtet, haben sie ein Konzept für erfahrungsorientiertes Lernen erarbeitet, das die vier Elemente **Anteilnahme, Unterstützung, Versorgung** und die **Reaktion auf die Versorgung** mit moralischen Qualitäten verbindet. Daraus folgt, dass Anteilnahme Achtsamkeit erfordert, Unterstützung Verantwortlichkeit, Versorgung Kompetenz und Reaktion Resonanz braucht. Dieses didaktische Konzept (sTimul-Projekt) für care-ethisches Handeln beinhaltet **fünf Teilkomponenten** der ethischen Kompetenz, die die Autor*innen für erlernbar halten:

1. **Ethische Betrachtung** erfordert eine achtsame Zuwendung der Pflegeperson zum bedürftigen Menschen. Die sorgende Beziehung stellt dabei nicht die Frage: „Was ist Ihr Problem?", sondern: „Was ist wichtig für Sie?" Ziel ist es, die pflegebedürftige Person als einzigartiges Individuum wahrzunehmen und nicht auf eine Sammlung der Bedürfnisse zu reduzieren.
2. **Ethisches Wissen** bezieht sich auf Fachwissen zur Erkrankung und ebenso zur Person (Biografie und Menschenkenntnis) im Bewusstsein der Verletzlichkeit.
3. **Ethische Reflexion** des speziellen Pflegekontextes verfolgt das Ziel, das Gute in jeder einzigartigen Situation zu erkennen und den richtigen Umgang mit realen Menschen und ihren unterschiedlichen Pflegebedürfnissen zu finden: „Was steht in dieser konkreten Situation für diesen konkreten Menschen auf dem Spiel?" Dabei geht es nicht um eine abstrakte, verallgemeinerbare ethische Analyse und Ableitung von allgemeinen Regeln (Vanlaere et al., 2016, S. 235 f.).
4. **Ethisches Handeln** bestimmt das Wesen einer Ethik der Achtsamkeit. Dabei steht nicht das Handeln, sondern die Person, die darauf achtet, was der anderen guttut, im Zentrum. Hier geht es um die Präsenz, da zu sein und zu bleiben.
5. **Ethisches Sein** bezeichnet die Haltung im Sinne eines ehrlichen, tiefen Engagements der Pflegeperson. Die eigene care-ethische Identität bildet sich in der Interaktion mit anderen Menschen und bestimmt die Werte, die sein Handeln gestalten. Diese Werte verankern sich in der handelnden Person und bestimmen so die Identität. Zudem sensibilisiert die ethische Identität für jene Situationen, in denen die Ansprüche der Care-Ethik verletzt werden. Wenn eine Pflegeperson gegen ihre moralischen Überzeugungen handeln muss, kommt die ethische Identität in Bedrängnis (Vanlaere/Timmermann/Grypdonck, 2016, S. 233–237).

Dieser didaktische Rahmen wird im sTimul-Projekt umgesetzt. Erfahrene Pflegepersonen simulieren ein Pflegeumfeld und schlüpfen in die Rolle der Patient*innen. Auszubildende pflegen sie wie reale Patient*innen und reflektieren im Anschluss ihre Erfahrungen des „Einfühlens" mit den Erfahrungen der Gepflegten (vgl. Vanlaere/Timmermann/Grypdonck, 2016, S. 237 ff.)

Die bewusste Auseinandersetzung und Einübung einer care-ethisch geprägten Pflege hilft, die persönliche Kompetenzentwicklung zu fördern und moralischem Distress vorzubeugen bzw. ihn zu reduzieren.

Wenn Prozesse des Einfühlens und der ethischen Reflexion zur Gewohnheit werden, verfestigen sie sich im Charakter als moralische Grundhaltung und verhelfen Pflegenden, mit den alltäglichen Anforderungen der pflegerischen Praxis angemessen umzugehen.

Riedel und Giese (2019, S. 77) fordern künftig eine institutionell verortete Förderung ethischer Kompetenzentwicklung. Sie muss als genuiner Gegenstand der Qualifizierung von Praxisanleitung und -begleitung integriert sein, damit langfristig die professionell, politisch und gesellschaftlich geforderte Ethikkompetenzentwicklung gewährleistet werden kann.

Tewes (2002, S. 335) bestätigt in ihrer Studie, dass Verantwortungskompetenz erlernbar ist. Pflegepädagog*innen sind aufgefordert, ein reflektiertes Verantwortungsbewusstsein zu vermitteln und ihrer Vorbildfunktion so weit nachzukommen, dass eine authentische Vermittlung von Verantwortung als positive Herausforderung möglich wird.

Die Pflegewissenschaftlerin Hanna Mayer betont, dass pflegewissenschaftliche Erkenntnis in der praktischen Anwendung „immer mit zwischenmenschlicher Zuwendung gekoppelt sein muss, um für den Patienten wertvoll zu werden. Sorge ohne Wissen ist in der Pflege wirkungslos, aber Wissen, das vom Prinzip der Sorge getrennt ist, kann gefährlich werden" (Mayer, 2016, S. 7). Es ist daher unverzichtbar, dass care-ethische Konzeptionen eine Grundlage für das alltägliche pflegerische Handeln und dessen Reflexion bilden. Dadurch kann man der Komplexität ethischer Verantwortung Pflegender am ehesten nachkommen (vgl. Monteverde, 2013, S. 275).

Gemäß den empirischen Ergebnissen von Tewes (2002) wirken sich das Engagement und die fachliche und soziale Kompetenz der Führungsperson eines Pflegeteams in ihrer Vorbildfunktion auf die Mitarbeiter*innen aus. Eine positive Identifizierung der Mitarbeiter*innen mit einer kompetenten Führungsperson, die klare Strukturen vorgibt, sich für ihre Interessen einsetzt sowie Wertschätzung und Anerkennung über die fachliche und personale Kompetenz ihrer Mitarbeiter*innen ausdrückt, fördert die Wahrnehmung beruflicher Verantwortung.

3.4 Pflegeethische Fragen und Dilemmata

Im Berufsalltag der Pflege, der sich an dem zu pflegenden Menschen, seinen physischen, psychischen, sozialen und spirituellen Bedürfnissen orientiert, fallen häufig Entscheidungen mit ethischem Hintergrund an. Dies beginnt schon bei den „kleinen Alltagsentscheidungen" wie z. B. dem täglichen Ritual des Waschens, der Mobilisierung, dem Essen und Trinken (vgl. Metz/Reitinger, 2007, S. 63), und setzt sich fort bis zu existenziell bedrohlichen Fragen des Lebens und Sterbens. Konflikte und problematische Situationen sind oftmals mit starken Emotionen verbunden und werden von Pflegenden als moralischer Stress wahrgenommen, insbesondere wenn sie den Eindruck haben, dass die Patient*innen nicht angemessen behandelt werden (vgl. Barandun/Schäfer et al., 2015, S. 321). Hinzu kommt, dass Pflegende auftretende ethische Fragestellungen anders wahrnehmen als Ärzt*innen (vgl. Wöhlke/Wiesemann, 2016, S. 282). Pflegende erleben es häufig als belastend, wenn sterbende

Patient*innen in vollem Umfang kurativ behandelt werden und müssen belastende Therapien mit aushalten, deren Sinnhaftigkeit nicht immer erkennbar ist (vgl. Bannert, 2012, S. 49).

Ethische Reflexion ist meist erst dann gefragt, wenn moralische Konflikte nicht lösbar erscheinen und systematisches Nachdenken gefragt ist. Eine ethisch begründete Entscheidung bildet die Grundlage für respektvolle und würdevolle Pflege. Dennoch erfolgen ethische Entscheidungen in der Pflegepraxis vielfach informell und zumeist unstrukturiert (vgl. Riedel/ Linde, 2018).

Ein **moralischer Konflikt** oder ein moralisches Problem[6] tritt auf, wenn wir mit einer Situation konfrontiert werden, in der wir unsicher sind, was das gute und moralisch richtige Handeln ist.

Dilemma (griech. *di-lemma*), Zwickmühle, Zwangslage

Ein **moralisches Dilemma** beschreibt eine Handlungssituation, in der einander mindestens zwei als richtig anerkannte Gebote (Normen, Prinzipien) widersprechen, sodass jede Entscheidung eines der Gebote verletzt. Es können niemals alle moralischen Ansprüche erfüllt werden. Darunter fallen z. B. die Ablehnung der Nahrung bei dementen Menschen, freiheitsbeschränkende Maßnahmen bei Verwirrtheit und Selbstgefährdung, die Frage des Therapieabbruchs bei infauster Prognose, wenn ein/-e Patient*in nicht einwilligungsfähig ist u. a. Dilemmata können in der Regel nicht optimal gelöst werden.

In diesem Zusammenhang lassen sich nach Rabe (2009, S. 85) **vier Problemfelder** identifizieren, die ethische Reflexion erfordern:

6 Die Autorin schließt sich der synonymen Verwendung dieser beiden Begriffe in Abgrenzung zu einem moralischen Dilemma an Lay (2012) an. In der Literatur scheint diese Differenzierung am gängigsten.

1. Persönliches Fehlverhalten, gemessen an den spezifischen fachlichen Anforderungen und ethischen Prinzipien: Reflexion des eigenen Verhaltens und Handelns oder die Beobachtung von Kolleg*innen, beispielsweise im Umgang mit Gewalt (verbal und nonverbal);
2. Konflikte zwischen den ethischen Prinzipien, vor allem zwischen Fürsorge und Autonomie. Die Überzeugung vom fachlich Richtigen der Pflegeperson ist nicht immer kongruent mit dem Patientenwillen aufgrund der Heterogenität hinsichtlich Herkunft, Interessen, pluraler Wertvorstellungen. Pflege erfordert eine hohe Sensibilität, um den Patient*innen bestimmte Pflegehandlungen nicht aufzudrängen im Sinne von „paternalistischen" Verhaltensweisen durch die Pflegeperson (z. B. Einsatz von freiheitsbeschränkenden Maßnahmen);
3. Einschränkungen der Handlungsmöglichkeiten von Pflegenden infolge institutioneller Zwänge und mangelhafter Rahmenbedingungen (z. B. strukturelle Defizite, knappe Zeit- und Personalressourcen);
4. klassische Grenzsituationen, die durch die Fortschritte der Medizin und Technik erzeugt werden, erfordern schwierige Entscheidungen mit gravierenden Konsequenzen (z. B. Therapiezieländerung, Umgang mit Reanimation, die Pflege hirntoter Menschen, künstliche Ernährung am Lebensende [PEG-Sonde] u. a.).

Ethische Fragen und Probleme bei komplexen Alltagssituationen betreffen häufig nicht nur die Profession der Pflege und bedürfen einer interdisziplinären Herangehensweise und Bearbeitung.

Die enge Kooperation und offene Kommunikation zwischen Ärzt*innen und Pflegenden sowie auch anderen Berufsgruppen in Gesundheitseinrichtungen sind vor allem deshalb so wichtig, weil den einzelnen Disziplinen unterschiedliche Auffassungen und Tätigkeitsfelder zugrunde liegen. Die zentrale Frage, wie sich das moralisch Richtige und Gute für den jeweils betroffenen Menschen definieren lässt, insbesondere, wenn es um existenzielle Entscheidungen geht, die ein/-e Patient*in nicht mehr autonom treffen kann, verlangt nach einem strukturierten interdisziplinären Beratungsprozess. Die individuellen Wünsche und Bedürfnisse von Patient*innen müssen erkannt werden und vor dem Hintergrund der möglichen Behandlungs- und Betreuungskonzepte ethisch begründete Entscheidungen getroffen werden. Eine klare und transparente Entscheidung gelingt dann am ehesten, wenn sich möglichst alle Beteiligten in den Entscheidungsprozess konstruktiv einbringen. Mit den dafür erforderlichen organisationsethischen Rahmenbedingungen befasst sich das Folgekapitel.

3.5 Reflexionsfragen

- Welche Schwerpunkte charakterisieren die Pflegeethik und wie drücken sie sich im moralischen Handeln aus?
- Welche Funktionen haben Berufskodizes und warum ist ihre laufende Überarbeitung so wichtig?
- Welche Aufgaben und Verantwortungsbereiche nennt der ICN-Ethikkodex für Pflegende und was bedeutet dies für mein eigenes Tätigkeitsfeld?
- Wie unterscheiden sich die einzelnen Handlungsfelder der Pflege in Bezug auf die ethische Dimension? Welche ethischen Fragen stellen sich in den einzelnen Handlungsfeldern der Pflege?

Zum Nachlesen

Monteverde, Settimio (Hg.) (2012): Handbuch Pflegeethik. Ethisch denken und handeln in den Praxisfeldern der Pflege. Stuttgart: Kohlhammer.
Dieses wissenschaftlich orientierte Handbuch liefert wichtige Grundlagen für die Auseinandersetzung mit ethischen Fragen und besteht aus drei Teilen: den theoretischen Grundlagen, der Reflexion der berufspraktischen Handlungsfelder sowie dem Transfer zwischen den beiden anderen Teilen. Es skizziert Rahmenbedingungen für einen gelingenden Diskurs.

Riedel, Annette/Linde, Anne-Christin (Hg.) (2018): Ethische Reflexion in der Pflege. Konzepte – Werte – Phänomene. e-book, Berlin: Springer.
Dieses Praxisbuch befasst sich mit ethischen Fragen des pflegerischen Alltags und dessen Reflexion. Ausgewählte Verfahren sollen systematisierte Entscheidungsprozesse unterstützen und zu ethisch begründeten Ergebnissen beitragen. Die Inhalte sind an einem ganzheitlichen Pflegeverständnis orientiert und erweitern das ethische Reflexionsspektrum um die Perspektive auf die Phänomene und Konzepte.

4 Organisationsethik

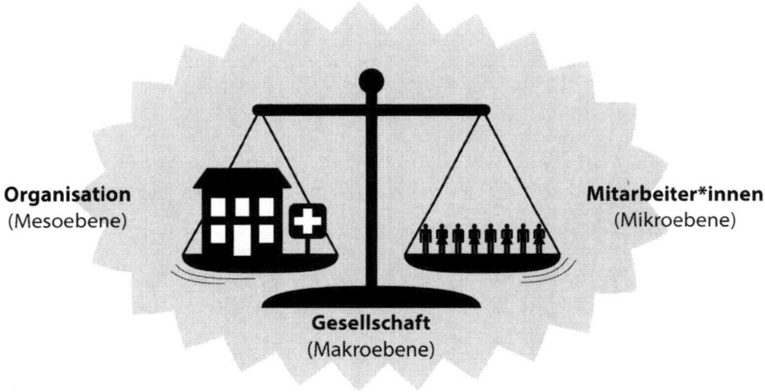

Abbildung 7: Organisationsethik

Pflegende arbeiten in enger Interaktion mit anderen Berufsgruppen in komplexen Organisationen und Einrichtungen des Gesundheitswesens. Formale Strukturen geben einer Organisation ihre Identität; Ausdruck findet diese durch die dahinterstehende Werthaltung (vgl. Hug, 2009, S. 22). Die moralische Haltung der handelnden Organisationsmitglieder prägt die Organisationskultur als „ethisches Klima" nach innen ebenso wie nach außen gegenüber der Gesellschaft. Die Organisation ist ihren selbstgesetzten Werten und Normen im Leitbild verpflichtet, die sich wiederum in den Umgangsformen, Handlungsroutinen, Ritualen, Kommunikations- und Kooperationsprozessen ausdrücken. Die Organisationsleitung beeinflusst insofern, als sie moralisches Verhalten vorlebt und Rahmenbedingungen sowie ein Klima schafft, wodurch die Sensibilität für ethische Fragen gefördert wird und diese offen diskutieren werden können.

> Die **Individualethik** beschäftigt sich mit den ethischen Ansprüchen an eine einzelne Person. Die zentrale Frage lautet: Was soll ich tun?

Es ist nicht sinnvoll, Ethik in Organisationen bloß auf der Ebene von Personen anzusetzen (Individualethik) oder in Leitbildern und Verhaltensrichtlinien zu verorten, die nicht in den Handlungsalltag eingegliedert sind und den Mitarbeiter*innen nur von „außen" bzw. „oben" (Leitung) verordnet werden. Dies birgt die Gefahr, dass ethische Grundsätze nicht gelebt werden (vgl. Krobath, 2010, S. 556 f.; Heintel, 2010, S. 476) und allein die Leitung in ihrer Verantwortung und Autorität gestärkt wird.

Organisationsethik untersucht die moralische Verantwortung der Institution (vgl. Winkler, 2009, S. 101) und beschäftigt sich damit, wie Moralvorstellungen in Organisationen umgesetzt werden können. Sie kann definiert werden als die

> „Nutzung von Ethik durch Organisationen (Institutionen, Unternehmen) (…), die von ihren Mitarbeitern die Einhaltung bestimmter moralischer Qualitätsstandards erwarten und diese Anliegen durch strukturelle und organisatorische Maßnahmen stabilisieren (z. B. durch klinische Ethikberatung oder Komitees). Es kommt also nicht allein darauf an, dass einzelne Menschen sich um ethische Kompetenz bemühen, sondern die Einrichtung steht selbst für deren Gewährleistung" (Wehkamp, 2010, S. 399).

Demnach betreibt Organisationsethik, „wer die Ausgestaltung und Arbeitsweise von Organisationen einer ethischen Reflexion unterzieht" (Arn/Hug, 2009, S. 37).

Organisationsethik legt Güter, Prinzipien und Prozesse fest, auf deren Basis ethische Fragen bearbeitet werden sollen, und schafft eine Infrastruktur zur Umsetzung derselben für alle Mitarbeiter*innen. Zudem hat Organisationsethik die Qualitätsverbesserung in der Gesundheitseinrichtung zum Ziel (vgl. Winkler, 2009, S. 101), denn Ethik bezeichnet eine „Sorgequalität, eine selbstverständliche Form des gemeinsamen Nach- und Vordenkens in der Sorge um die Betroffenen" (Reitinger/Heller, 2010, S. 754).

Organisationsethische Grundfragen können folgendermaßen lauten:

- Ist die Art und Weise, wie wir mit Patient*innen und miteinander umgehen, gut für uns und für andere?
- Wie wird die Würde der Patient*innen, Heimbewohner*innen und Mitarbeiter*innen geschützt und wo wird sie eventuell verletzt und gekränkt?
- Halten wir die vorherrschende Organisationskultur für gut?
- Wollen wir es anders und welche Möglichkeiten haben wir?

  (Vgl. Krobath/Heller, 2010, S. 442 f.)

Eine kollektive Reflexion ethischer Fragen und Probleme erfordert die Verankerung von Ethik in der Organisationsstruktur. Ethik muss gewollt sein und organisiert werden (vgl. Krobath, 2010, S. 564). Dennoch ist eine organisierte und strukturierte ethische Reflexion und Problembearbeitung auf Organisationsebene derzeit noch nicht Standard.

Heintel (2009, S. 461) beschreibt die fehlende Verortung von Moral in Organisationen mit dem Begriff der „Ortlosigkeit". Um der Moral Raum zu geben, sind transparente, definierte und öffentlich gemachte Verfahren für die Bearbeitung von ethischen, rechtlichen, pflegerischen und medizinischen Fragen notwendig, weil diese auf Organisationsebene sehr komplex sind und ethische Dilemmata nicht oder nur schwer lösbar sind. Um dennoch zu einer akzeptablen Entscheidung zu gelangen, braucht es „vereinbarte Zeiten und Orte, Verfahren und Regeln, wie der Prozess der ethischen Verständigung kollektiv organisiert wird" (Heller/Krobath, 2010, S. 62).

Um Organisationsethik im klinischen Setting sichtbar zu machen, müssen von der Leitung der Organisation entsprechende Strukturen der Verankerung von Ethik geschaffen werden. Je nach Bedarf der jeweiligen Institution kommen Beratungsstrukturen zum Einsatz. Ethikberatung stellt einen Überbegriff dar, „in dem alle institutionalisierten Angebote zusammengefasst sind, die sich in systematischer und strukturierter Weise mit moralischen Problemen und Herausforderungen befassen und darin die Institution als Ganzes oder deren Mitarbeiterinnen und Mitarbeiter und andere von der Gesundheitsversorgung betroffene Personenkreise unterstützen" (Neitzke, 2013, S. 137). Die häufigste Form der Ethikberatung bildet die Implementierung eines klinischen Ethikkomitees, aber auch Einzelpersonen (Ethikberater*innen) werden in einigen Einrichtungen für Ethikberatung eingesetzt. Weitere Bezeichnungen und Möglichkeiten, kollektive ethische Reflexion voranzubringen, sind Ethikforum, Ethikarbeitskreis, Ethikrat, Ethikbeirat, Ethikteam, Qualitätszirkel Ethik, Ethik-Cafés u. a. (vgl. May, 2012, S. 66).

4.1 Das klinische Ethikkomitee

Ein **klinisches Ethikkomitee (KEK)** ist ein multidisziplinäres Beratungsgremium in Einrichtungen des Gesundheitswesens, das sich kontinuierlich mit ethischen Fragestellungen in klinischen Institutionen und anderen Betreuungseinrichtungen auseinandersetzt, um zu informieren, zu orientieren und zu beraten (vgl. May, 2012, S. 69). Es stellt eine etablierte Struktur der Ethikberatung dar und leistet einen wesentlichen Beitrag zur Steigerung der Versorgungsqualität kranker und pflegebedürftiger Menschen sowie zum Schutz ihrer Würde und Autonomie, zur Verbesserung der Fehler- und Organisationskultur und zur Personal-, Organisations- und Qualitätsentwicklung der Institution (vgl. Bruns, 2012, S. 20; May, 2012, S. 67 f.; Klein, 2017, S. 3; Wiesing, 2006, S. 333).

> Abzugrenzen hiervon sind Ethikkommissionen, weil sie völlig andere Ziele und Aufgaben verfolgen. Diese bestehen im Wesentlichen in der Prüfung von Forschungsanträgen. Ethikkommissionen überwachen die Einhaltung des Personenschutzes bei der Durchführung unterschiedlicher Forschungsprojekte am Menschen.

KEKs sind zwar keine gesetzlich vorgeschriebenen Gremien, garantieren aber ein Qualitätskriterium. Das Konzept wurde in den 1970er-Jahren in den USA entwickelt und gehört dort mittlerweile zu den Standardeinrichtungen in Krankenhäusern (vgl. Dörries, 2008, S. 18; Steinkamp/Gordijn, 2010, S. 73).

In Europa begannen diese Entwicklungen in den 1980er-Jahren. 1984 wurde am Universitätsmedizinischen Zentrum in Nimwegen (Niederlande) ein KEK gegründet, und 1986 wurde in der Schweiz (Universitätsspital Zürich) erstmals Ethikberatung angeboten. In Deutschland entstanden seit den späten 1990er-Jahren zahlreiche KEKs sowie ähnliche Formen klinischer Ethikberatung. In Österreich haben sich solche Einrichtungen noch wenig etabliert. Das LKH-Univ.-Klinikum Graz verfügt seit dem Jahr 2006 über ein KEK, ansonsten werden KEKs vorwiegend von konfessionellen Trägerverbänden gefördert (z. B. Vinzenz-Gruppe und Barmherzige Brüder).

4.1.1 Zusammensetzung eines Ethikkomitees

Ein KEK besteht aus einem Team von bis zu zwölf unterschiedlichen Disziplinen, darunter sind Ärzt*innen und Pflegepersonen verschiedener Fachgebiete, Theolog*innen oder Seelsorger*innen, Verwaltungspersonen (z. B. Qualitätsmanagement), Sozialarbeiter*innen, Psycholog*innen sowie externe Mitglieder je nach Bedarf vertreten (Jurist*innen, Patientenvertreter u. a.). Die Beteiligung von Patient*innen bzw. Angehörigen ist vom Modell und der Organisation abhängig. Die Mitglieder*innen werden durch die Leitung auf Zeit, z. B. drei Jahre, berufen und sollen hohe kommunikative Kompetenz, ethische Sensibilität sowie eine Expertise in klinischer Ethik und Ethikberatung mitbringen. Im Gegensatz zur Stationshierarchie herrscht unter den Mitgliedern eines KEKs Symmetrie, das auch ein wesentlicher Grundsatz eines jeden sinnvollen Diskurses (Habermas) darstellt (vgl. May, 2012, S. 67; Kohlen, 2012, S. 193f.).

4.1.2 Ziele und Aufgaben

Das klinische Ethikkomitee verfolgt das Ziel einer transparenten und vertrauensvollen Kommunikation bei ethischen Fragen des klinischen Alltags. May (2012, S. 67) formuliert allgemeine Ziele:

- Sensibilisierung für ethische Fragestellungen;
- Vermittlung von medizin- und pflegeethischem Wissen;
- Erhöhung der Kompetenz im Umgang mit Problemen und Konflikten.

Die zentralen Aufgaben sind **ethische Fallberatung**[7], die **Entwicklung von Ethikleitlinien** und **Ethik-Fortbildungsangebote.**

1. **Ethische Fallberatung**
   Die Kernaufgabe eines KEKs besteht in der Organisation und Durchführung von strukturierten Fallbesprechungen bei ethischen Konflikten und strittigen Entscheidungen im Einzelfall. Sie ist „der systematische Versuch im Rahmen eines strukturierten, von einem Moderator geleiteten Gesprächs mit einem multidisziplinären Team innerhalb eines begrenzten Zeitraumes, zu der ethisch am besten begründbaren Entscheidung zu gelangen" (Steinkamp/Gordijn, 2010, S. 256). Idealerweise soll der/die Patient*in bzw. Vertreter*in miteinbezogen werden. Das KEK soll Mitarbeiter*innen bei moralischen Unsicherheiten und Bewertungskonflikten unterstützen und darüber hinaus die interdisziplinäre Zusammenarbeit verbessern. Die Entscheidungsbefugnis bleibt jedoch beim jeweiligen Behandlungs- bzw. Betreuungsteam.
2. **Entwicklung von Ethikleitlinien**
   Ethikleitlinien bieten ethisch begründete Orientierung und Sicherheit bei Entscheidungen im Rahmen wiederkehrender klinischer Problemfelder oder Wertekonflikte, z. B. im Umgang mit Patientenverfügungen, Entscheidungen am Lebensende, PEG-Sonde, Reanimation, Umgang mit religiösen und kulturellen Besonderheiten.

7 Die Begriffe *Fallberatung* und *Fallbesprechung* werden in der Literatur synonym verwendet.

Ethikleitlinien werden von Arbeitsgruppen, in denen neben Komiteemitgliedern fachkundige Mitarbeiter*innen aus der Organisation mitwirken, für die Praxis erstellt. Sie müssen den gesetzlichen Bestimmungen sowie dem aktuellen wissenschaftlichen Standard entsprechen und erfordern eine regelmäßige Überarbeitung.
Ethikleitlinien geben keine Entscheidung vor und nehmen keine Verantwortung ab, sondern verfolgen das Ziel der Qualitätssicherung im Entscheidungsprozess; sie müssen von der Organisationsleitung verabschiedet werden (vgl. Neitzke, 2008, S. 60 f.; Riedel/Linde, 2018, S. 182–185). Zudem helfen Leitlinien, situativem moralischem Stress vorzubeugen oder ihn zu reduzieren, indem sie als Handlungsempfehlung zu einer verbesserten Entscheidungsqualität und Handlungssicherheit beitragen (vgl. Riedel/Linde, 2016, S. 11).

3. **Ethik-Fortbildungsangebote:** Die Organisation von Medizin- und Pflegeethikfortbildungen dient der Förderung der Sensibilität für ethische Fragen und Probleme, die sich aus dem klinischen Handeln aus der Praxis ergeben, um die ethische Kompetenz der Mitarbeiter*innen der Institution zu stärken.
   Es ist wichtig, ethische Probleme adäquat artikulieren zu können, damit die Mitarbeiter*innen sich in den interdisziplinären Diskurs einbringen können (vgl. Kohlen, 2012, S. 198). Themen für Fortbildungen sind u. a. der Umgang mit dementen und behinderten Menschen (Fragen der Zwangsmedikation bei Verweigerung der Medikamenteneinnahme, Verweigerung der Körperpflege bei zunehmender Verwahrlosung), Therapiezieländerung bzw. Therapiebegrenzung auf Patientenwunsch (Autonomie) oder gegen den Wunsch von Angehörigen, Nutzlosigkeit der Therapie (Futility), Fortführen oder Begrenzung von künstlicher Ernährung und Flüssigkeitszufuhr in bestimmten Lebensphasen (beim Sterben, bei schwerer Demenz), Sterbebegleitung, Formen der Sterbehilfe etc. (vgl. Neitzke, 2008, S. 59 f.; May, 2012, S. 67 f.).

4.2 Umsetzung der ethischen Fallberatung

Die ethische Fallbesprechung findet in der Regel als fallbezogene Teambesprechung auf der jeweiligen Station bzw. im jeweiligen Wohnbereich statt. Möglichst alle beteiligten Personen sollten daran teilnehmen. Der Prozess der Entscheidungsfindung wird je nach Modell von einer geschulten Person oder einem Mitglied des Ethikkomitees moderiert. Es geht darum, alle für die Bewertung des Falles wichtigen Details sichtbar zu machen und unter Einbezug aller Anwesenden die ethischen Fragen herauszuarbeiten und den Entscheidungsprozess zu unterstützen (vgl. May, 2012, S. 67 ff.). Eine strukturierte und wohlüberlegte Entscheidungsfindung soll durch einen diskursiven Prozess einen ethisch richtigen Konsens herstellen und beliebigem bzw. willkürlichem Handeln entgegenwirken (vgl. Bruns, 2012, S. 55; Frewer, 2013, S. 34). Nicht immer lässt sich ein Konsens erzielen, doch wird zumindest eine ethisch und rechtlich zu rechtfertigende Entscheidung angestrebt, wobei die jeweilige Berufsgruppe immer ihre Entscheidungsfreiheit und die damit verbundene Entscheidungsverantwortung behält.

Was in komplexen Situationen das Beste für den individuellen Menschen ist, kann nicht allein von einzelnen Personen (z. B. Ärzt*innen, Pflegepersonen) entschieden werden, sondern verlangt einen offenen sowie hierarchiefreien Diskurs und transparente Entscheidungsprozesse. Es geht bei ethischen Fallbesprechungen nicht darum, die eigene Position in Diskursen zu verteidigen und gegnerische Positionen zu entkräften, sondern darum, nachvollziehbare, vernünftige Argumente im gleichberechtigten Austausch aller betroffenen Mitglieder des stationären Betreuungsteams zu gewährleisten. Die gemeinsame Reflexion und Diskussion verhilft den handelnden Personen zu einer umfassenderen Sichtweise wesentlicher ethischer Aspekte. Im Prozess einer Fallbesprechung können mehr oder weniger starke (negative) Emotionen auftreten, da es um Wertefragen und deren Bedrohung oder Verletzung geht (vgl. Bannert, 2012, S. 49 f.). Hervortretende, versteckte oder verdrängte Gefühle beeinflussen unser Denken und Handeln und müssen aufgedeckt und reflektiert werden (z. B. „schwierige" Patient*innen oder Angehörige, „besondere" religiöse Überzeugungen). Eine rationale Entscheidungsfindung muss auch emotional verträglich sein, um handlungsrelevant zu werden. Zum Zweck der Nachvollziehbarkeit und der Qualitätssicherung wird für die Krankenakte der Gesprächsverlauf protokolliert, und die Ergebnisse werden dokumentiert. Alle Beteiligten unterliegen der Verschwiegenheitspflicht. Der Ablauf einer ethischen Fallbesprechung folgt einer bestimmten Struktur, die sich im Wesentlichen bei den verschiedenen Modellen in unterschiedliche Phasen einteilen lässt.

Abbildung 8: Entscheidungsfindung, gezeichnet von Katja Daum

4.3 Methoden ethischer Fallbesprechung

Für die ethische Fallbesprechung kommen Methoden zur Anwendung, die eine strukturierte Bearbeitung ethisch problematischer Situationen unterstützen. Leitfäden (z. B. Nimwegener Bogen, Leporello) bieten eine übersichtliche Grundstruktur, um keine bedeutsamen Aspekte zu übersehen.

Aus einer Vielzahl parallel existierender Methoden wird im Anschluss für mono- und multidisziplinäre, prospektive und retrospektive Fallbesprechungen ausgewählt. Diese finden meist im jeweiligen Setting statt, d. h. auf der jeweiligen Abteilung, im jeweiligen Wohnbereich oder bei retrospektiven Fallbeispielen häufig im Rahmen von Fort- und Weiterbildungen.

Wesentlich ist, dass ein Modell zum Einsatz kommt, mit dem jede Pflegeperson und jede/-r Arzt/Ärztin vertraut ist und das allen Beteiligten eine Stimme gibt. Dennoch kann nicht immer eine optimale Lösung gefunden werden, weil es Fälle gibt, die alle Regeln sprengen. Jeder Fall ist individuell anzuerkennen und zu bewerten. „Zur ethischen Kompetenz und Verantwortung gehört freilich die Sensibilität für den einzelnen Menschen, seine unverwechselbare Person und seine besondere Situation." (Körtner, [3]2017, S. 146) Pflegende sind durch ihre Nähe zum pflegebedürftigen Menschen in einer besonderen Position, sie werden dadurch in ihrer Rolle häufig zu Fürsprecher*innen (vgl. Kohlen, 2013, S. 101). Die aktive Beteiligung von Pflegenden bei Fallbesprechungen trägt einerseits zu konstruktiven Entscheidungen, Patientenwohl und Arbeitszufriedenheit bei, andererseits fördert sie die eigene moralische Kompetenz und stärkt das individuelle Gewissen durch sozial-kommunikative Prozesse.

4.3.1 Die Nimwegener Methode

Die Nimwegener Methode wurde in den 1990er-Jahren in den Niederlanden von Steinkamp und Gordijn entwickelt und den aktuellen Gegebenheiten angepasst. Sie ist heute eine bekannte Vorgehensweise und wird im Akut- und Langzeitbereich häufig eingesetzt. Sie bezeichnet ein klinisch-ethisches Interaktionsmodell, das für die Bearbeitung von ethischen Fragen auf beiden Ebenen, der Leitungsebene (top-down) und Stationsebene (bottom-up), ansetzt. Mit der entsprechenden Wechselwirkung infolge der Interaktion zwischen diesen Ebenen einer Organisation können Veränderungsprozesse in Gang gebracht werden. Ethik wird dadurch nicht von oben oder außen aufgedrängt, sondern kann in ihrer spezifischen Form durch die aktive Beteiligung der Mitarbeiter*innen erwachsen (vgl. Steinkamp/Gordijn, ³2010, S. 23 f.). Diese Methode unterstützt ausgebildete Ethikfachpersonen in ihrer Beratungs- und Moderationsfunktion bei Falldiskussionen multidisziplinärer Teams. Fallbesprechungen nehmen dem Verantwortlichen die Entscheidung zwar nicht ab, sie verändern aber das Zustandekommen von Entscheidungen. Gemeinsame Fallbesprechungen, bei denen alle Betroffenen in gleicher Weise zu Wort kommen, verhelfen zu Entscheidungen, die alle Mitarbeiter*innen mittragen können. Für die Nachvollziehbarkeit der ethischen Fallbesprechung wurden Protokolle entwickelt, die den unterschiedlichen Einsatzgebieten angepasst sind (vgl. Steinkamp/Gordijn, ³2010, S. 251 f.).

Die **fünf Grundannahmen** der Nimwegener Methode sind:

1. Ethische Fragen sind innerlich mit der klinischen Praxis verflochten;
2. das moralische Problem sollte zu Beginn der Beratung sorgfältig formuliert werden;
3. Analyse, Interpretation und ethische Argumentation werden kombiniert;

4. die Entscheidungsverantwortung liegt bei der (letzt-)verantwortlichen Person, stringente und kohärente Argumente werden angestrebt, Konsens ist dabei wünschenswert;
5. die Moderation sollte bei einer speziell geschulten externen Person liegen, die außerhalb der Abteilungshierarchie steht und nicht in das zu diskutierende Problem involviert ist (vgl. Steinkamp, 2012, S. 179).

Die Nimwegener Methode soll das Gespräch im multidisziplinären Team unterstützen und bietet dazu eine bestimmte Struktur für Fallbesprechungen. Sie umfasst die nachstehend beschriebenen vier Phasen:

Tabelle 9: Kurzfassung der Nimwegener Methode (Steinkamp, 2012, S. 180)

Die Nimwegener Methode für ethische Fallbesprechung:

1. Problembestimmung

Was ist der Anlass der Besprechung? Wie lautet das ethische Problem?

2. Inventarisieren und Verstehen der Situation

Medizinische, pflegerische, lebensanschauliche und organisatorische Aspekte werden eruiert.

3. Ethische Bewertung

Das Wohl und der Wille des Patienten/der Patientin, die (Abgrenzung der) Verantwortung des Arztes/der Ärztin, der Pflegenden usw. werden ermittelt.

4. Beschlussfassung

Zunächst wird überprüft, ob sich die Ausgangsfrage geändert hat. Es folgen die Formulierung der Entscheidung und die Rekapitulation der wichtigsten Argumente.

In der **ersten Phase** geht es um die klare Formulierung des zentralen moralischen Problems in der jeweiligen Situation, um der Fallbesprechung dadurch eine Richtung zu geben.

Die **zweite Phase** besteht in der Darstellung der Fakten der konkreten Situation mithilfe der ärztlichen und pflegerischen Diagnosen, Prognosen und Erfahrungen. Die Aufmerksamkeit und das Gewicht liegen auf der Perspektive der Pflegenden, wenn es darum geht, die Wünsche und Bedürfnisse der Patient*innen oder Bewohner*innen zu eruieren. Denn professionelle Pflege basiert auf Fragestellungen nach den Aktivitäten des täglichen Lebens (ADL), dem psychosozialen Umfeld, den notwendigen Ressourcen und der Bedeutung dessen, wie Patient*innen/Bewohner*innen und Angehörige die Situation erleben und bewältigen. Auch wenn die Verantwortung der Entscheidung beim Arzt/bei der Ärztin liegt, wird auf einen gleichberechtigten Diskurs Wert gelegt. Dieser bezieht alle beteiligten Ärzt*innen, Pflegepersonen, Psycholog*innen, Sozialarbeiter*innen und Seelsorger*innen in gleicher Weise in die Fallbesprechung mit ein.

> Die **Hermeneutik** beschäftigt sich mit der Interpretation und dem Verstehen von Texten

Die Nimwegener Methode nimmt auch interpretierende, **hermeneutische** Elemente auf. Diese sind zwar nicht von zentraler Bedeutung für die Entscheidungsfindung; die Verknüpfung von hermeneutischem Reflektieren mit normativen Argumenten (z. B. Patientenautonomie, Wohlbefinden) liefert aber einen Beitrag zum besseren Verständnis der Situation und hilft, die ethischen Aspekte zu erkennen. Dabei wird auf eine klare Unterscheidung zwischen Tatsachen und Bewertungen geachtet.

In der **dritten Phase** geht es um die wertbezogene und normativ ethische Argumentation. Für die ethische Argumentation bezieht sich die Nimwegener Methode auf den Prinzipienansatz von Beauchamp/Childress ([7]2013). Eine sorgfältige Abwägung zwischen Nutzen und Schaden für den/die Patienten*in entscheidet über die Einleitung oder das Unterlassen einer Intervention. Es wird hier auch auf die Abgrenzung von Verantwortlichkeiten im Team geachtet.

Die **vierte Phase** beginnt mit der Wiederholung der Ausgangsfrage, um zu eruieren, ob sich diese durch die umfassende Klärung und Einsicht in die Situation geändert hat und ob noch Fragen offengeblieben sind, die eine Entscheidung erschweren. Wenn Klarheit über die Situation besteht, werden die wichtigsten Argumente zusammengefasst, es wird über die weitere Handlungsweise entschieden und entsprechende Absprachen werden im Team getroffen (vgl. Steinkamp/Gordijn, 2009, S. 124 f.).

Eine wichtige Rolle spielt dabei die Moderation, damit die Diskussion bei komplexen Situationen und starken Emotionen nicht ausufert. Die Moderation sollte mit der Analyse ethischer Fragen und mit der klinischen Realität vertraut sein.

4.3.2 Das Eskalationsmodell METAP – Leitlinie für Entscheidungen am Krankenbett

METAP wurde 2012 von den vier Mitgliedern Heidi Albisser Schleger, Marcel Metz, Barbara Meyer-Zehnder und Stella Reither-Theil der Basler Projektgruppe nach international gültigen Standards entwickelt und bietet ein definiertes Verfahren, Kriterien und Hilfsmittel an, um medizin- und pflegeethische Probleme oder Dilemmata im klinischen Alltag zuverlässig zu erkennen und zu klären.

> **METAP** steht für die Schlüsselwörter **M**odular, **E**thik, **T**herapieentscheide, **A**llokation und **P**rozess. „Modular" bezeichnet baukastenartig zusammengestellte, den Therapieentscheidungsprozess fundierende Übersichtskapitel und legt einen besonderen Akzent auf eine ethisch reflektierte Zuteilung medizinischer und pflegerischer Ressourcen

Dieses Modell unterstützt einen strukturierten Entscheidungsprozess für transparente, konsistente Entscheidungen, die auf ethischen Prinzipien und Hermeneutik sowie Aspekten der Diskursethik (Habermas) basieren.

Ziele dieses Verfahrens sind die Berücksichtigung des Selbstbestimmungsrechts der Patient*innen, die Verbesserung der Entscheidungsfindung und Reflexion, die Förderung der bewussten Übernahme von Verantwortung, die interprofessionelle Kooperation sowie Transparenz und Nachvollziehbarkeit der Entscheidungen. Konflikte und Missverständnisse zwischen dem Betreuungsteam und Patient*innen sowie deren Angehörigen sollen aufgefangen und gelöst werden. Ungelöste Konflikte führen zu Spannungen im Betreuungsteam und begünstigen moralischen Stress. Daher soll dieses Eskalationsmodell den klinisch Tätigen ethische Rahmenbedingungen und Entscheidungshilfen für die möglichst selbstständige Klärung ethischer Fragen bieten.

Anwendung von METAP

Für die Anwendung des Eskalationsmodells METAP in der Praxis wurde zur Unterstützung ein handliches, einfach anzuwendendes Instrument, ein sogenanntes **Leporello**, für das Fachpersonal entwickelt. (Die Langfassung in Buchform dient METAP als Nachschlagewerk und zeichnet sich durch eine systematische, wissenschaftliche und ethisch-normative Fundierung aus.) Das Leporello enthält eine Beschreibung der unterschiedlichen Entscheidungswege, die je nach Schwierigkeit und Dringlichkeit des ethischen Problems stufenweise nach „oben“ eingesetzt wird. Das Modell besteht aus vier Stufen:

> Das **Leporello** (Faltflyer) ist eine Kurzfassung der wichtigsten Grundlagen zur ethischen Entscheidungsfindung mithilfe des Eskalationsmodells METAP

Tabelle 10: Vier Eskalationsstufen bei einer Therapieentscheidungssituation mit ethischen Fragen, Unsicherheiten oder Konflikten (vgl. Albisser-Schleger et al., 2019, S. 9, 233–237)

1. Stufe	**Eigene Orientierung** Wahrnehmung von Unsicherheiten, Problemen oder Konflikten in Bezug auf ethische Fragen durch die medizinische/pflegerische Fachperson (Leporello als Hilfsmittel)
2. Stufe	**Beratung mit Steuergruppenmitglied** Wenn ethische Fragen offenbleiben, wird zur Intensivierung der Lösungssuche ein Mitglied der Steuergruppe zugezogen (Leporello als Hilfsmittel).
3. Stufe	**Ethische Fallbesprechung im Behandlungsteam** Organisation und Durchführung einer ethischen Fallbesprechung im interprofessionellen Team (Pflegepersonen, Ärzt*innen, Seelsorger*innen, Therapeut*innen und Spezialist*innen ohne zusätzliche Ethikberatung), wenn der Konflikt nicht gelöst werden konnte und sehr komplex ist, z. B. zur gezielten Eruierung des direkten und des mutmaßlichen Patientenwillens.
4. Stufe	**Ethikberatung mit zusätzlicher Hilfe von Fachpersonen** Wenn die ethische Fallbesprechung im interprofessionellen Team kein Ergebnis gebracht hat, empfiehlt sich die Zuziehung einer unabhängigen Ethikfachperson.

METAP wurde explizit so strukturiert, dass ein Behandlungsteam bzw. Mitglieder eines Teams niederschwellige ethische Probleme selbstständig bearbeiten können. Mithilfe des Eskalationsmodells kann – der Problemwahrnehmung und Dringlichkeit entsprechend – Schritt für Schritt zusätzlich Problemlösungspotenzial in Anspruch genommen werden. Anhand des von METAP zur Verfügung gestellten Leporellos können Einzelpersonen ethische Fragen selbstständig identifizieren und nach Lösungen suchen (Stufe 1). Diese Stufe unterstützt die eigene Orientierung bei einer ethischen Frage oder Unsicherheit. Im klinischen Alltag fallen oft ethische Fragen an, die ohne Ethikkonsil getroffen werden müssen, insbesondere in Institutionen ohne traditionelle Ethikberatung. Es ist daher wichtig, dass Ärzt*innen und Pflegepersonen über eine medizin- bzw. pflegeethische Kompetenz und Kenntnisse in der Anwendung eines geeigneten Modells für Entscheidungsprozesse verfügen.

Bei verbleibenden Fragen kann ein geschultes Mitglied hinzugezogen werden (Stufe 2). Dafür wird auf der jeweiligen Abteilung eine interdisziplinäre Gruppe motivierter Fachkräfte, die sogenannte Steuergruppe, gebildet und in der Anwendung von METAP geschult. Die Mitglieder der Steuergruppe sind für die Integration von METAP in die Alltagsroutine verantwortlich und sollen die Teammitglieder bei ethischen Fragestellungen unterstützen bzw. auch selbst ethische Fragen aufgreifen.

Einzelne Mitglieder der Steuergruppe können auch ethische Fallbesprechungen im interprofessionellen Team von Pflegefachkräften, Ärzt*innen, Seelsorger*innen, Spezialist*innen und Therapeut*innen vor Ort moderieren und protokollieren. Die Vorbereitung und Durchführung der ethischen Fallbesprechung erfolgt nach den vorgeschlagenen Verfahren und definierten ethischen Kriterien mithilfe des Leporellos. Wenn es die Situation erlaubt, kann die Fallbesprechung unter Beteiligung des/der Patient*in bzw. der Angehörigen erfolgen. Meist wird die Fallbesprechung zur Verständigung im interprofessionellen Team zunächst ohne Patientenbeteiligung durchgeführt und im nächsten Schritt die Patienten- und Angehörigenseite offen und fair einbezogen (Stufe 3).

Wenn kein befriedigendes Ergebnis erzielt wird, kann eine Ethikfachperson oder ein Mitglied des Ethikkomitees hinzugezogen werden (Stufe 4).

In begründeten Konfliktsituationen (z. B. rechtliche Unsicherheit, schwerwiegender Konflikt im Team) kann der Beratungsprozess auch unmittelbar bei Stufe 3 oder 4 angesetzt werden (vgl. Albisser-Schleger et al., 2019, S. 4–10, 232–236; Meyer-Zehnder et al., 2014, S. 478, 482 ff.).

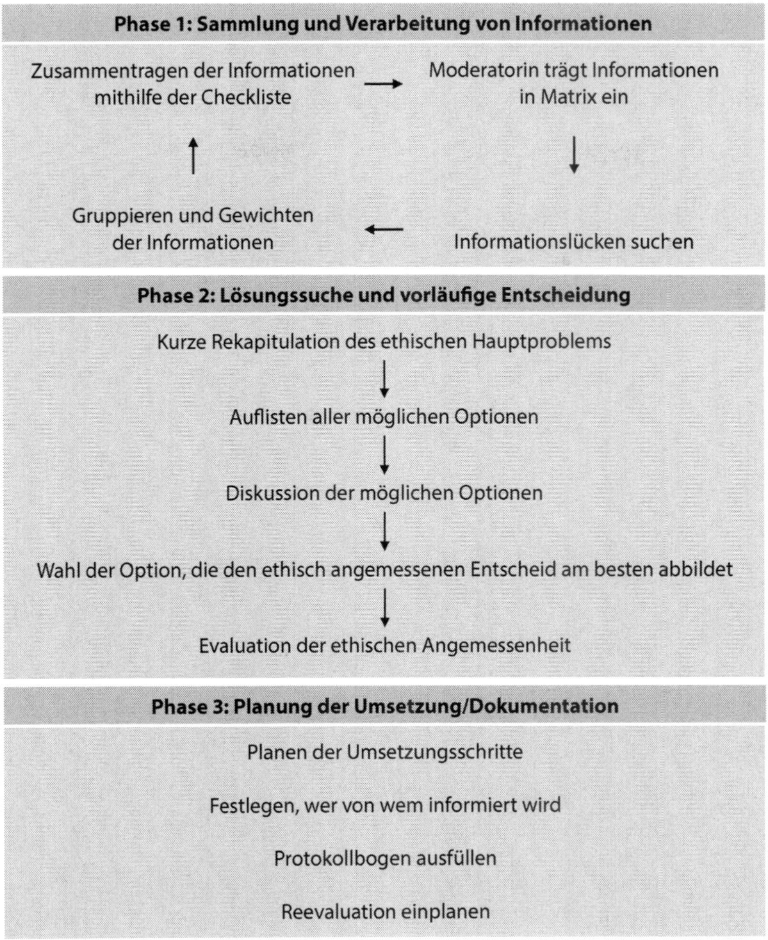

Abbildung 9: Ablaufschema einer METAP-Fallbesprechung (Albisser-Schleger et al., 2019, S. 250, 312)

METAP – Ablaufschema der Fallbesprechung

Die konkrete Fallbesprechung besteht aus drei Phasen:

Phase 1: Sammlung und Verarbeitung von Informationen

Informationen werden anhand einer Checkliste (Leporello) gesammelt und von einer Moderatorin in eine Problemmatrix eingetragen. Anschließend werden Informationslücken gesucht und eventuell ergänzt. Fehlen notwendige Informationen, so muss die Besprechung vertagt werden. Dabei soll unbedingt geklärt werden, wer für die Einholung fehlender Informationen verantwortlich ist.

Phase 2: Lösungssuche und vorläufige Entscheidung

In dieser Phase geht es um das Offenlegen des Hauptproblems und um Überlegungen zu gemeinsamen Lösungsoptionen. Die einzelnen Berufsgruppenmitglieder sollen ihre unterschiedlichen Perspektiven in die Diskussion einbringen, der/die Moderator*in achtet darauf, dass der Patientenwille und die vereinbarten ethischen Prinzipien berücksichtigt werden. In sehr komplexen Situationen kann eine gesonderte Diskussion der einzelnen Berufsgruppen stattfinden, um etwa herauszufinden, welche Therapieformen medizinisch und pflegerisch sinnvoll wären und wie diese ethisch zu bewerten sind. Der/die geschulte Moderator*in begleitet und unterstützt den Prozess und achtet auf eine offene und symmetrische Gesprächsführung innerhalb eines definierten Zeitrahmens mit dem Ziel einer Konsensfindung.

Die favorisierte Entscheidung bzw. Therapieoption wird unter Zuhilfenahme der eigens für dieses Modell entwickelten Tabelle „Ethische Evaluation der Therapieoptionen“ (ethische Prinzipien nach Beauchamp/Childress und weiteren Ethikansätzen) auf ihre Angemessenheit überprüft. Der/die Moderator*in evaluiert mit den Beteiligten die gewählte Option und protokolliert die begründete Entscheidung.

Phase 3: Planung der Umsetzung und Dokumentation
Die Schritte zur Umsetzung werden unter Berücksichtigung vorhersehbarer Folgen geplant. Dabei wird schriftlich festgehalten, wer wen worüber informiert und wann eine Reevaluation stattfinden soll. Der/die Moderator*in ist für die exakte Protokollierung verantwortlich (vgl. Albisser-Schleger et al., 2019, S. 253 ff.).

Das Eskalationsmodell METAP liefert einen wertvollen Beitrag zur Verbesserung der Versorgungsqualität von vulnerablen Patient*innen (vgl. Albisser-Schleger et al., 2019, S. 233). Zudem kann der Einsatz dieses Modells dazu verhelfen, aufreibende Konflikte und Missverständnisse zwischen einem multiprofessionellen Team, den Patient*innen und den Angehörigen sowie innerhalb dieser Gruppen zu vermeiden oder zu reduzieren (vgl. Reiter-Theil et al., 2010, S. 97).

4.3.3 Das Reflexionsmodell nach Marianne Rabe

Marianne Rabe hat ihr Modell in kritischer Abgrenzung zu anderen Entscheidungsfindungsmodellen in der Pflegeethik entwickelt. Nach Rabe soll Ethik nicht zur wissenschaftlich begründeten Problemlösungsmethode verkommen, sondern zur Entwicklung einer ethisch reflektierten Grundhaltung und der Fähigkeit zur Reflexion komplexer Pflegesituationen beitragen und diese fördern. Pflegerisches Handeln ist immer auch moralisches Handeln. Es zeichnet sich durch eine große leibliche Nähe zum pflegebedürftigen Menschen sowie durch zeitliche Intensität der Betreuung aus. Reflexionsmodelle sollen daher die konstante Reflexion des eigenen Handelns in den Vordergrund stellen (vgl. Rabe, 2009, S. 145).

1. Situationsanalyse

Persönliche Reaktionen

Die Sicht der anderen: Perspektiven aller am Fall beteiligten Personen

Alternative Handlungsmöglichkeiten und ihre Folgen für die Betroffenen

2. Ethische Reflexion

Benennung des ethischen Problems

Formulierung der normativen Orientierung und übergeordneten Prinzipien, die nur für die Situation von Bedeutung sind

Verantwortungsebenen

persönlich
institutionell
gesellschaftspolitisch

3. Ergebnisse

Ethisch begründete Beurteilung

Konsens/Dissens

Nötige praktische Konsequenzen und ihre Durchsetzung

Abbildung 10: Modell für die ethische Reflexion (Rabe, 2009, S. 153)

1. **Situationsanalyse:** Die persönliche Reaktion und der spontane Ausdruck von Gefühlen (Empörung, Ärger, Mitleid …) weisen darauf hin, dass bei einer erlebten Situation Klärungsbedarf besteht. Ebenso sollen Beziehungen der Beteiligten zueinander thematisiert und verschiedene Handlungsmöglichkeiten diskutiert werden.
2. **Ethische Reflexion:** In diesem Schritt liegt der Schwerpunkt auf der Frage nach dem ethischen Problem und seiner Bewertung anhand von ethischen Prinzipien und Werthaltungen. Verantwortlichkeiten müssen geklärt werden.
3. **Ergebnisse:** Die ethisch begründete Beurteilung der Situation fasst die wesentlichen Erkenntnisse der ersten beiden Schritte zusammen. Nicht immer kann ein Konsens gefunden werden, in solchen Fällen

muss das Problem weiter bearbeitet werden. Dissens kann jedoch auch auf Kommunikationsschwierigkeiten, u.a. Probleme in einem interdisziplinären Team, hinweisen.

Es ist wesentlich, dass auch nicht unmittelbar entscheidungsbefugte Pflegepersonen in die Falldiskussionen wichtiger Dilemmata – wie z.B. Therapiebegrenzung oder Legen einer PEG-Sonde – miteinbezogen werden, damit eine umfassendere Sicht der Situation in den Entscheidungsfindungsprozess einfließen kann. Auch wenn die Entscheidung bei den Ärzt*innen liegt, müssen Pflegepersonen die Ergebnisse mittragen können, da auch sie betroffen und außerdem häufig die ausführenden Personen sind.

4.4 Zur Reflexion

Anhand eines Fallbeispiels oder besser eines konkreten Problemfeldes der eigenen Berufspraxis soll die Anwendung eines Reflexions- und Entscheidungsfindungsmodells geübt werden, um zu einem strukturieren und reflektierten Ergebnis zu verhelfen. Durch einen Perspektivenwechsel der unterschiedlichen Positionen der Beteiligten besteht die Möglichkeit, sich mit eigenen Wertvorstellungen auseinanderzusetzen und diese zu diskutieren, indem ethische Begründungsverfahren einander gegenübergestellt werden (universaler Anspruch ethischer Werthaltungen und ethisches Argumentieren).

Fallbeispiel: Frau Meier
Frau Meier ist 89 Jahre alt und lebt seit drei Monaten im Pflegeheim. Ihr Allgemeinzustand ist stark reduziert und sie ist sehr pflegebedürftig, d.h. sie kann ihre Körperpflege nicht mehr selbstständig durchführen und ist völlig immobil. Seit vier Wochen lehnt sie zunehmend

die Aufnahme von Nahrung ab und hat Probleme beim Atmen. Sie wird mit der Einweisungsdiagnose Pneumonie, Exsikkose und Verwirrtheitszustände ins Krankenhaus eingeliefert. Die Pneumonie wird erfolgreich behandelt, aber Frau Meier lehnt weiterhin die Nahrungsaufnahme ab, sodass sich ihr Zustand täglich verschlechtert. Ihre Tochter kommt jeden Tag zu Besuch und reicht ihr das Abendessen. Frau Meier isst dann etwas besser. Gegenüber ihrer Tochter äußert sie regelmäßig, dass sie nach Hause wolle. Sie klagt auch darüber, dass sie hier nichts essen könne, da man sie vergiften wolle.

Die Unterstützung bei der Nahrungsaufnahme gestaltet sich für die Pflegenden zunehmend schwieriger. Frau Meier dreht ihren Kopf zur Seite, presst ihre Lippen zusammen, stößt den gereichten Löffel weg, spuckt das Essen wieder aus und sagt häufig vehement, dass sie nicht essen wolle. Den Pflegepersonen gelingt es nicht, Frau Meier davon zu überzeugen, Nahrung aufzunehmen. Bei der Visite artikulieren die Pflegenden ihre Befürchtung, dass die aufgenommene Nahrung nicht mehr ausreicht. Die Patientin hat in den letzten Wochen massiv an Gewicht verloren, daraus ergibt sich zunehmend eine lebensbedrohliche Situation. Daraufhin wird bei der Visite eine Magensonde durch die Bauchdecke (PEG-Sonde) in Erwägung gezogen. Das bedeutet, dass die Patientin unter Zwang (gegen ihren Willen) ernährt wird.

Weiterführende Literatur

Albisser Schleger, Heidi et al. (^{2}2019): Klinische Ethik – METAP. Leitlinie für Entscheidungen am Krankenbett. Berlin, Heidelberg: Springer.
*Dieses Handbuch mit einem beigelegten Leporello (Kitteltaschenflyer) bietet ein umfassendes Instrument für Praktiker*innen. Es ist in drei Teile gegliedert: I. Grundlagen der Entscheidungsfindung, II. Aspekte der praktischen Umsetzung der Entscheidung und III. ethische Problemlösung mit dem Eskalationsmodell von METAP. Es unterstützt und leitet durch schwierige Entscheidungssituationen und vermittelt ethisches Grundlagenwissen, das die ethische Kompetenz fördern soll.*

Dörries, Andrea/Neitzke, Gerald/Simon, Alfred/Vollmann, Jochen (Hg.) (2008): Klinische Ethikberatung. Ein Praxisbuch. Stuttgart: Kohlhammer.
Dieses Praxisbuch vermittelt eine Einführung in das Tätigkeitsfeld Klinischer Ethikberatung. Die Erfahrungen aus der eigenen Unterrichts- und Beratungspraxis der Herausgeber sind in dieses Werk eingeflossen.

Krobath, Thomas/Heller, Andreas (Hg.) (2010): Ethik organisieren. Handbuch der Organisationsethik. Freiburg im Breisgau: Lambertus.
*Dieses Handbuch bietet eine umfassende Auseinandersetzung mit der Organisationsethik durch 50 Autor*innen aus Österreich, Deutschland, Luxemburg und den Niederlanden.*

5 Schlussbetrachtung

Pflegerisches Handeln ist immer auch moralisches Handeln, welches sich auf das Ergebnis der pflegerisch gesetzten Maßnahmen auswirkt und das Wohlbefinden erheblich beeinflusst. Pflegende müssen die moralische Grundhaltung reflektieren und in die ethische Urteilsbildung investieren, um traditionell hierarchische Strukturen gezielt auf das gesellschaftliche Moralverständnis hin überprüfen und gegebenenfalls aufbrechen zu können. Dadurch kann schädigenden Ökonomisierungsprozessen und Diskriminierung entgegengewirkt werden.

Die Pflegeethik kann dazu einen wertvollen Beitrag leisten, indem sie die Sensibilität für moralische Probleme schärft, Frage- und Argumentationshorizonte aufzeigt und hilft, Werthaltungen kritisch zu hinterfragen. Sie bietet ethische Argumente, Kriterien und Bewertungsmaßstäbe im Rahmen spezifischer und theoriegeleiteter Auseinandersetzung und stärkt damit die ethische Kompetenz. Ethisches Grundwissen ist für alle Pflegenden eine Voraussetzung, um den Diskurs im multiprofessionellen Team aktiv mitzugestalten und auf gemeinsame Entscheidungen Einfluss nehmen zu können.

Gelebte Ethik kann nur gelingen, wenn die Organisation für alle Handlungsfelder die nötigen Rahmenbedingungen bereitstellt und jeder Einzelne sich verpflichtet fühlt, nach ethischen Maßstäben zu handeln. Für einen reflektierten und verantwortungsbewussten Umgang mit vulnerablen, kranken und sowohl physisch als auch psychisch instabilen Menschen und ihren Angehörigen stellt Pflegeethik eine Grundlage dar.

Pflege als authentische Sorge um den individuellen Menschen und „seine unverwechselbare Person" (Körtner, 2017, S. 146) rückt in den Mittelpunkt von Pflegekonzepten und Pflegeinterventionen. Die Sorge um den pflegebedürftigen Menschen umfasst eine bewusste ganzheitliche Wahrnehmung, die durch die Biografie und die daraus abgeleiteten individuellen Bedürfnisse erfasst wird.

Literaturverzeichnis

Albisser Schleger, Heidi et al. ([2]2019): Klinische Ethik – METAP. Leitlinie für Entscheidungen am Krankenbett. Berlin, Heidelberg: Springer.

Amelung, Eberhard (Hg.) (1992): Ethisches Denken in der Medizin: Ein Lehrbuch. Berlin: Springer.

Anzenbacher, Arno ([7]1999): Einführung in die Philosophie. Freiburg/Breisgau, Basel, Wien: Herder.

Aristoteles: Die Nikomachische Ethik. Aus dem Griechischen und mit einer Einführung und Erläuterungen versehen von Olof Gigon. München: Deutscher Taschenbuch Verlag, [6]2004.

van der Arend, Arie J. G. (1998): Pflegeethik. Wiesbaden: Ullstein Medical.

van der Arend, Arie/Gastmans, Chris (1996): Ethik für Pflegende. Bern: Huber.

Arn, Christof/Hug, Sonja (2009): Ethikstrukturen – Grundprinzipien und Grundtypen von Ethiktransfer. In: Baumann-Hölzle, Ruth/Arn, Christof: Ethiktransfer in Organisationen. Basel: EMH Schwabe, S. 31–66.

Arndt, Marianne (1996): Ein wissenschaftlicher Diskurs über Theorien der Moral und Ethik. Pflege 9/1, S. 26–29.

Bannert, Regina (2012): Ethische Fallbesprechung und Supervision. In: Frewer, Andreas/Bruns, Florian/May, Arnd T. (Hg.): Ethikberatung in der Medizin. Berlin, Heidelberg: Springer, S. 45–63.

Barandun Schäfer, Ursi/Meyer-Zehnder, Barbara/Ulrich, Anna/Frei, Irena Anna (2015): Ethische Reflexion von Pflegenden im Akutbereich – eine Thematische Analyse. Pflege 28/6, S. 321–327. DOI: 10.1024/1012-5302/a000457.

Barmherzige Brüder Österreich (Hg.) (2010): Ethik-Codex. Orientierung an Hospitalität und Professionalität. Wien: facultas.

Bauschke, Martin (2010): Die goldene Regel als moralisches Weltkulturerbe: http://www. irisfamilienzentrum.de/fileadmin/Dokumente/Goldener_Regel_Vortrag_2011.pdf (30.4.2013).

Bayertz, Kurt (1995): Verantwortung: Prinzip oder Problem? Darmstadt: Wissenschaftliche Buchgesellschaft.

Beauchamp, Tom L. (2005): Prinzipien und andere aufkommende Paradigmen in der Bioethik. In: Rauprich, Oliver/Steger, Florian (Hg.): Prinzipienethik in der Biomedizin. Moralphilosophie und medizinische Praxis. Frankfurt/Main, New York: Campus, S. 48–73.

Beauchamp, Tom L./Childress, James F. ([7]2013): Principles of Biomedical Ethics. New York, Oxford: Oxford University Press.

Benner, Patricia/Wrubel, Judith (1997): Pflege, Streß und Bewältigung. Gelebte Erfahrung von Gesundheit und Krankheit. Aus dem Amerikanischen übersetzt von Irmela Erckenbrecht. Bern: Huber.

Bobbert, Monika (2002): Patientenautonomie und Pflege. Begründung und Anwendung eines moralischen Rechts. Kultur der Medizin, Band 5. Frankfurt/Main: Campus.

Bruns, Florian (2012): Ethikberatung und Ethikkomitees in Deutschland. In: Frewer, Andreas/Bruns, Florian/May, Arnd T. (Hg.): Ethikberatung in der Medizin. Berlin, Heidelberg: Springer, S. 19–31.

Conradi, Elisabeth (2001): Take care. Grundlagen einer Ethik der Achtsamkeit. Frankfurt/Main: Campus.

Conradi, Elisabeth (2003): Vom Besonderen zum Allgemeinen – Zuwendung in der Pflege als Ausgangspunkt einer Ethik. In: Wiesemann, Claudia/Erichsen, Norbert/Behrendt, Heidrun/Biller-Adorno, Nikola/Frewer, Andreas (Hg.): Pflege und Ethik. Leitfaden für Wissenschaft und Praxis. Stuttgart: Kohlhammer, S. 30–46.

Conradi, Elisabeth (2010): Ethik und Politik. Wie eine Ethik der Achtsamkeit mit politischer Verantwortung verbunden werden kann. In: Remmers, Hartmut/Kohlen, Helen (Hg.): Bioethics, Care und Gender. Herausforderungen für Medizin, Pflege und Politik. Pflegewissenschaft und Pflegebildung, Band 4, Göttingen: V&R unipress, S. 91–117.

Conradi, Elisabeth (2016): Ethik der Achtsamkeit zwischen Theorie und Gesellschaftstheorie. In: Conradi, Elisabeth/Vosman, Frans (Hg.): Praxis der Achtsamkeit. Schlüsselbegriffe der Care-Ethik. Frankfurt/Main: Campus, S. 53–86.

Dingens, Stefan (2018): Pflegeethik organisieren und implementieren. In: Riedel, Annette/Linde, Anne-Christin (Hg.): Ethische Reflexion in der Pflege. Konzepte – Werte – Phänomene. e-book, Berlin: Springer, S. 199–203.

Dörries, Andrea (2008): Ethik im Krankenhaus. In: Dörries, Andrea/Neitzke, Gerald/Simon, Alfred/Vollmann, Jochen (Hg.): Klinische Ethikberatung. Ein Praxisbuch. Stuttgart: Kohlhammer, S. 13–23.

Düwell, Marcus/Hübenthal, Christoph/Werner, Micha H. (Hg.) ([3]2011): Handbuch Ethik. Stuttgart, Weimar: Metzler.

Fenner, Dagmar (2010): Einführung in die Angewandte Ethik. Tübingen: Francke.

Fölsch, Doris (2008): Ethik in der Pflegepraxis. Anwendung moralischer Prinzipien im Pflegealltag. Wien: facultas.

Frewer, Andreas (2013): Klinische Ethik. Eine Übersicht zu Geschichte und Grundlagen. In: Frewer, Andreas/Bruns, Florian (Hg.): Klinische Ethik. Konzepte und Fallstudien. Unter Mitarbeit von Arnd T. May. Freiburg/Breisgau, München: Alber, S. 17–38.

Fröhlich, Günter (2014): Theorie der Ethischen Beratung im Klinischen Kontext. Philosophische Grundlegung eines anwendungsbezogenen Modells zur Falldiskussion und Lösung wertbasierter Konflikte. Würzburg: Königshausen & Neumann.

Giese, Constanze (2012): Pflegemanagement in ethischer Perspektive. In: Monteverde, Settimio (Hg.): Handbuch Pflegeethik. Ethisch denken und handeln in den Praxisfeldern der Pflege. Stuttgart: Kohlhammer, S. 156–172.

Gilligan, Carol ([5]1999): Die andere Stimme. Lebenskonflikte und Moral der Frau. Aus dem Amerikanischen übersetzt von Brigitte Stein. München: Piper.

Graeb, Fabian (2019): Ethische Konflikte und Moral Distress auf Intensivstationen. Eine quantitative Befragung von Pflegekräften. Wiesbaden: Springer.

Großklaus-Seidel, Marion (2002): Ethik im Pflegealltag. Wie Pflegende ihr Handeln reflektieren und begründen können. Stuttgart: Kohlhammer.

Großklaus-Seidel, Marion (2012): Pflegeethik als kritische Institutionenethik. In: Monteverde, Settimio (Hg.): Handbuch Pflegeethik. Ethisch denken und handeln in den Praxisfeldern der Pflege. Stuttgart: Kohlhammer, S. 85–97.

Habermas, Jürgen (2009): Diskursethik. Band 3. Philosophische Texte. Studienausgabe in fünf Bänden. Frankfurt am Main: Suhrkamp Verlag.

Habermas, Jürgen (1983): Moralbewußtsein und kommunikatives Handeln. Frankfurt am Main: Suhrkamp Verlag.

Heintel, Peter (2010): Organisation der Ethik. In: Krobath, Thomas/Heller, Andreas (Hg.): Ethik organisieren. Handbuch der Organisationsethik. Freiburg/Breisgau: Lambertus, S. 453–483.

Heller, Andreas/Krobath, Thomas (2010): Organisationsethik – eine kleine Epistemologie. In: Krobath, Thomas/Heller, Andreas (Hg.): Ethik organisieren. Handbuch der Organisationsethik. Freiburg/Breisgau: Lambertus, S. 43–70.

Heubel, Friedrich (2010): Kants Moralphilosophie und die moderne Pflege. In: Remmers, Hartmut/Kohlen, Helen (Hg): Bioethics, Care und Gender. Herausforderungen für Medizin, Pflege und Politik. Pflegewissenschaft und Pflegebildung, Band 4. Göttingen: V&R unipress, S. 65–75.

Hiemetzberger, Martina (2013): Ethikkommissionen und Ethikberatung. In: Kemetmüller, Eleonore/Fürstler, Gerhard (Hg.): Berufsethik, Berufsgeschichte und Berufskunde für Pflegeberufe. Wien: facultas, S. 109–127.

Hiemetzberger, Martina/Rupprecht, Barbara (2013): Unterricht in der Pflegepraxis – eine Frage der Haltung? Rundbrief. Tut Forschung weh? Vereinsorgan des Internationalen Fördervereins Basale Stimulation® e.V. Ausgabe 22/2, S. 10–15.

Höffe, Otfried ([5]1997): Lexikon der Ethik. München: Beck.

Höffe, Otfried ([3]2006): Aristoteles. München: Beck.

Hug, Sonja (2009): Handeln in Organisationen – Zwischen Struktur und Kultur. In: Baumann-Hölzle, Ruth/Arn, Christof: Ethiktransfer in Organisationen. Basel: EMH Schwabe, S. 17–30.

ICN-Ethikkodex für Pflegende (2012): https://www.oegkv.at/fileadmin/user_upload/International/DBfK-ICN-Ethikkodex_fuer_Pflegende-printfinal2014__2_.pdf (23.12.2015).

Jonas, Hans (1984): Das Prinzip Verantwortung. Versuch einer Ethik für die technologische Zivilisation. Frankfurt/Main: Suhrkamp.

Kahla-Witzsch, Heike A./Platzer, Olga (2007): Risikomanagement für die Pflege: ein praktischer Leitfaden. Stuttgart: Kohlhammer.

Kant, Immanuel: Kritik der praktischen Vernunft. Grundlegung zur Metaphysik der Sitten. Werkausgabe Band VII, hg. von Wilhelm Weischedel. Frankfurt/Main: Suhrkamp, 1974.

Kettner, Mattias (2011): Ein diskursethisches Beratungsmodell für klinische Ethik-Komitees. In: Stutzki, Ralf/Ohnsorge, Kathrin/Reiter-Theil, Stella (Hg.): Ethikkonsultation heute – vom Modell zur Praxis. Berlin: LIT Verlag.

Klein, Andreas (2017): Klinische Ethikkomitees – in Österreich vernachlässigt? Österreichische Gesellschaft für Ethik und Recht in der Notfall- und Katastrophenmedizin: https://www.oegern.at/klinische-ethikkomitees-in-oesterreich-vernachlaessigt/ (10.11.2019).

Kohlen, Helen (2012): Die Rolle von Pflegenden in Klinischen Ethikkomitees. In: Monteverde, Settimio (Hg.): Handbuch Pflegeethik. Ethisch denken und handeln in den Praxisfeldern der Pflege. Stuttgart: Kohlhammer, S. 193–201.

Kohlen, Helen (2013): Klinische Ethikkomitees und Pflege. Zeitschrift für medizinische Ethik 59, S. 97–106.

Kohlen, Helen (2016): Plädoyer für eine widerständige Care-Praxis – Zur Entwicklung von Care-Ethiken im internationalen Vergleich und ihrem Status der Pflege. In: Kleibel, Veronika/Urban-Huser, Catherine (Hg.): Caring – Pflicht oder Kür? Gestaltungsspielräume für eine fürsorgliche Pflegepraxis. Wien: facultas, S. 15–26.

Körtner, Ulrich H. J. ([3]2017): Grundkurs Pflegeethik. Wien: facultas.

Krobath, Thomas (2010): Zu Organisation ethischer Reflexion in Organisationen. In: Krobath, Thomas/Heller, Andreas (Hg.): Ethik organisieren. Handbuch der Organisationsethik. Freiburg/Breisgau: Lambertus, S. 543–583.

Krobath, Thomas/Heller, Andreas (2010): Organisationsethik als kritische Differenz zu Professionsethiken und Organisationskontexten – eine Gesprächseinladung an Bert Gordijn und Norbert Steinkamp. In: Krobath, Thomas/Heller, Andreas (Hg.): Ethik organisieren. Handbuch der Organisationsethik. Freiburg/Breisgau: Lambertus, S. 427–450.

Kuhn, Andrea (2018): Pflegeethik – ein Mandat der Berufspolitik. In: Riedel, Annette/Linde, Anne-Christin (Hg.): Ethische Reflexion in der Pflege. Konzepte – Werte – Phänomene. e-book, Berlin: Springer, S. 205–211.

Küng, Hans (2012): Handbuch Weltethos. Eine Vision und ihre Umsetzung. München: Piper.

Lauber, Annette ([3]2012): Grundlagen beruflicher Pflege. Verstehen & pflegen 1. Stuttgart: Thieme.

Lay, Reinhard ([2]2012): Ethik in der Pflege. Ein Lehrbuch für die Aus-, Fort- und Weiterbildung. Hannover: Schlütersche.

Lenk, Hans (1991): Komplexe Ebenen der Verantwortung. In: Sänger, Monika (Hg.): Verantwortung. Arbeitstexte für den Unterricht. Stuttgart: Reclam, S. 64–73.

Lenk, Hans (1998): Konkrete Humanität: Vorlesungen über Verantwortung und Menschlichkeit. Frankfurt/Main: Suhrkamp.

Marckmann, Georg (2013): Ethische Grundlagen ärztlichen Handelns. In: Michalsen, Andrej/Hartog, Christiane S. (Hg.): End-of-Life in der Intensivmedizin. Berlin, Heidelberg: Springer, S. 3–15.

Marckmann, Georg (2015): Grundlagen ethischer Entscheidungsfindung in der Medizin. In: Marckmann, Georg (Hg.): Praxisbuch Ethik in der Medizin. Berlin: MWV, S. 3–14.

Marschütz, Gerhard (2009): Theologisch ethisch nachdenken, Band 1: Grundlagen. Würzburg: Echter.

May, Arnd T. (2012): Professionalisierung und Standardisierung der Ethikberatung. In: Frewer, Andreas/Burns, Florian/May, Arnd T.: Ethikberatung in der Medizin. Berlin, Heidelberg: Springer, S. 65–75.

Mayer, Hanna ([5]2011): Pflegeforschung kennenlernen. Elemente und Basiswissen für die Grundausbildung. Wien: facultas.

Mayer, Hanna (2016): Geleitwort. In: Kleibel, Veronika/Urban-Huser, Catherine (Hg.): Caring – Pflicht oder Kür? Gestaltungsspielräume für eine fürsorgliche Pflegepraxis. Wien: facultas, S. 5–8.

Metz, Christian/Reitinger, Elisabeth (2010): Ethische Herausforderungen in Palliative Care. Palliativmedizin, 2. Teil. Klinik 2, S. 62–64: http://static. twoday.net/michaelrogner/files/Ethische-Herausforderungen-in-Palliative-Care. pdf (11.2.2012).

Meyer-Zehnder, Barbara/Barandun Schäfer, Ursi/Albisser Schleger, Heidi/Reiter-Teil, Stella/Parger, Hans (2014): Ethische Fallbesprechung auf der Intensivstation. Vom Versuch zur Routine. Der Anaesthesist 63, S. 477–487. DOI: 10.1007/s00101-014-2331-x.

Mill, John Stuart (2014): Utilitarism. Der Utilitarismus. Englisch/Deutsch. Übersetzt und herausgegeben von Dieter Birnbacher. Stuttgart: Reclam.

Monteverde, Settimio (2013): Pflegeethik und die Sorge um deren Zugang zu Pflege. Pflege 26/4, S. 271–280.

Monteverde, Settimio (2015): Fürsorge als Tugend und als Wissen. Zur Genese pflegerischer Ordnungsmacht. In: Mathwig, Frank/Meireis, Torsten/Porz, Rouven/Zimmermann, Markus (Hg.): Macht der Fürsorge? Moral und Macht im Kontext von Medizin und Pflege. Zürich: Theologischer Verlag, S. 181–194.

Monteverde, Settimio (Hg.) (2012): Grundlagen. In: Monteverde, Settimio (Hg.): Handbuch Pflegeethik. Ethisch denken und handeln in den Praxisfeldern der Pflege. Stuttgart: Kohlhammer, S. 19–38.

Neitzke, Gerald (2008): Praxis der klinischen Ethikberatung. In: Dörries, Andrea/Neitzke, Gerald/Simon, Alfred/Vollmann, Jochen (Hg.): Klinische Ethikberatung. Ein Praxisbuch. Stuttgart: Kohlhammer, S. 58–86.

Neitzke, Gerald (2013): Klinische Ethikberatung als multiprofessionelle Aufgabe. Sprache · Stimme · Gehör 37, S. 136–140. DOI: 10.1055/s-0033-1345155.

Neuhäuser, Christian (2011): Verantwortung. In: Stoecker, Ralf/Neuhäuser, Christian/ Raters, Marie-Luise (Hg.): Handbuch Angewandte Ethik. Stuttgart: Metzler, S. 120–125.

Pauer-Studer, Herlinde ([2]2010): Einführung in die Ethik. Wien: facultas.

Pieper, Annemarie ([6]2007): Einführung in die Ethik. Tübingen, Basel: Francke.

Pieper, Annemarie/Thurnherr, Urs (Hg.) (1998): Angewandte Ethik: Eine Einführung. München: Beck.

Pöltner, Günther (2002): Grundkurs Medizinethik. Wien: facultas.

Rabe, Marianne (2009): Ethik in der Pflegeausbildung. Beiträge zur Theorie und Didaktik. Bern: Huber.

Rauprich, Oliver (2005): Prinzipienethik in der Biomedizin – Zur Einführung. In: Rauprich, Oliver/Steger, Florian (Hg.): Prinzipienethik in der Biomedizin. Moralphilosophie und medizinische Praxis. Frankfurt/Main: Campus, S. 11–47.

Rauprich, Oliver (2008): Prinzipienethik und Common Morality. Zum kulturübergreifenden Anspruch des Ansatzes von Beauchamp und Childress. In: Biller-Adorno, Nikola/ Schaber, Peter/Schulz-Baldes, Annette (Hg.): Gibt es eine universale Bioethik? Paderborn: mentis, S. 227–242.

Reiter-Theil, Stella/Mertz, Marcel/ Albisser Schleger, Heidi/Meyer-Zehnder, Barbara/ Kressig, Reto W./Pargger, Hans (2011): Klinische Ethik als Partnerschaft – oder wie eine ethische Leitlinie für den patientengerechten Einsatz von Ressourcen entwickelt und implementiert werden kann. Ethik der Medizin 23, S. 93–105. DOI: 10.1007/s00481-010-0098-4.

Remmers, Hartmut (2010): Moral als Mantel menschlicher Versehrbarkeiten. Bausteine einer Ethik helfender Berufe. In: Remmers, Hartmut/Kohlen, Helen (Hg.): Bioethics, Care und Gender. Herausforderungen für Medizin, Pflege und Politik. Pflegewissenschaft und Pflegebildung, Band 4, Göttingen: V&R unipress, S. 43–63.

Riedel, Annette/Lehmeyer, Sonja (2013): Ethik lehren und ethische Reflexion praktizieren. Wirkende Werte, Dimensionen und Perspektiven von Ethik in der Pflege(aus)bildung. PADUA – Die Fachzeitschrift für Pflegepädagogik, Patientenedukation und -bildung 8/4, S. 241–247. DOI: 10.1024/1861–6186/a000140.

Riedel, Annette/Linde, Anne-Christin (2016): Herausforderndes Verhalten bei Demenz als wiederkehrender Anlass ethischer Reflexion im Krankenhaus. Internationale Zeitschrift für Philosophie und Psychosomatik (IZPP) 1, e-Journal: http://www.izpp.de/fileadmin/user_upload/Ausgabe_1_2016/003_IZPP_1_2016_Riedel_Linde.pdf (10.11.2019).

Riedel, Annette/Behrens, Johann/Giese, Constanze/Geiselhart, Martina/Fuchs, Gerhard/Kohlen, Helene/Pasch, Wolfgang/Rabe, Marianne/Schütz, Lutz (2017): Zentrale Aspekte der Ethikkompetenz in der Pflege. Empfehlungen der Sektion Lehrende im Bereich der Pflegeausbildung und der Pflegestudiengänge in der Akademie für Ethik in der Medizin e.V. Ethik in der Medizin 29, S. 161–165. DOI: 10.1007/s00481-016-0415-7.

Riedel, Annette/Linde, Anne-Christin (2018): Ethik-Leitlinien-Entwicklung – als Prozess der Ethikkompetenzentwicklung erfassen. In: Riedel, Annette/Linde, Anne-Christin (Hg.): Ethische Reflexion in der Pflege. Konzepte – Werte – Phänomene. e-book, Berlin: Springer, S. 181–187.

Riedel, Annette/Giese, Constanze (2019): Ethikkompetenzentwicklung in der (zukünftigen) pflegeberuflichen Qualifizierung – Konkretion und Stufung als Grundlegung für curriculare Entwicklungen. Ethik der Medizin 31, S. 61–79. DOI: 10.1007/s00481-018-00515-0.

Reitinger, Elisabeth/Heller, Andreas (2010): Ethik im Sorgebereich der Altenhilfe. Care-Beziehungen in organisationsethischen Verständigungsarrangements und Entscheidungsstrukturen. In: Krobath, Thomas/Heller, Andreas (Hg.): Ethik organisieren. Handbuch der Organisationsethik. Freiburg/Breisgau: Lambertus, S. 737–765.

SBK (Schweizer Berufsverband der Pflegefachfrauen und Pflegefachmänner) (2003): Ethik in der Pflegepraxis. Bern: SBK.

Schnell, Martin/Heinritz, Charlotte (2006): Forschungsethik. Ein Grundlagen- und Arbeitsbuch für die Gesundheits- und Pflegewissenschaft. Bern: Huber.

Schnepp, Wilfried (1996): Pflegekundige Sorge. In: Deutsche Gesellschaft für Pflegewissenschaft e.V. (Hg.): Pflege und Gesellschaft. Duisburg, S. 13–16.

Schröder-Bäck, Peter (2014): Ethische Prinzipien für die Public-Health-Praxis. Grundlagen und Anwendung. Frankfurt/Main, New York: Campus.

Singer, Peter (^{3}2013): Praktische Ethik. Aus dem Englischen übersetzt von Oscar Bischoff, Jean-Claude Wolf und Dietrich Klose. Revidierte und erweiterte Auflage. Stuttgart: Reclam.

Steinkamp, Norbert (2012): Methoden ethischer Entscheidungsfindung im Pflegealltag. In: Monteverde, Settimio (Hg.): Handbuch Pflegeethik. Ethisch denken und handeln in den Praxisfeldern der Pflege. Stuttgart: Kohlhammer, S. 175–191.

Steinkamp, Norbert/Gordijn, Bert (2009): Interaktionsmodell – Ethik-Komitee und ethische Fallbesprechung im Wechselspiel. In: Baumann-Hölzle, Ruth/Arn, Christof: Ethiktransfer in Organisationen. Basel: EMH Schwabe, S. 119–132.

Steinkamp, Norbert/Gordijn, Bert ([3]2010): Ethik in der Klinik und Pflegeeinrichtung. Ein Arbeitsbuch. Köln: Luchterhand.

Tewes, Renate (2002): Pflegerische Verantwortung. Eine empirische Studie über pflegerische Verantwortung und ihre Zusammenhänge zur Pflegekultur und zum beruflichen Selbstkonzept. Reihe Pflegewissenschaft. Bern: Huber.

Vanlaere, Linus/Timmermann, Madeleine/Grypdonck, Mieke (2016): Pflegehandeln am eigenen Körper erfahren – „Ausgesetztsein" in simulierten Situationen. In: Conradi, Elisabeth/Vosman, Frans (Hg.): Praxis der Achtsamkeit. Schlüsselbegriffe der Care-Ethik. Frankfurt/Main, New York: Campus, S. 231–247.

Vosman, Frans (2016): Kartographie einer Ethik der Achtsamkeit – Rezeption und Entwicklung in Europa. In: Conradi, Elisabeth/Vosman, Frans (Hg.): Praxis der Achtsamkeit. Schlüsselbegriffe der Care-Ethik. Frankfurt/Main: Campus, S. 33–51.

Vosman, Frans/Conradi, Elisabeth (2016): Einleitung – Schlüsselbegriffe der Care-Ethik. In: Conradi, Elisabeth/Vosman, Frans (Hg.): Praxis der Achtsamkeit. Schlüsselbegriffe der Care-Ethik. Frankfurt/Main: Campus, S. 13–30.

Waibl, Elmar (2004): Grundriß der Medizinethik für Ärzte, Pflegeberufe und Laien. Münster: Lit.

Wehkamp, Karl-Heinz (2010): Konfliktfeld Organisationsethik – Erfahrungen aus deutschen Kliniken 1996–2009. In: Krobath, Thomas/Heller, Andreas (Hg.): Ethik organisieren. Handbuch der Organisationsethik. Freiburg/Breisgau: Lambertus, S. 389–399.

Wiesing, Urban (2006): Stellungnahme der Zentralen Kommission zur Wahrung ethischer Grundsätze in der Medizin und ihren Grenzgebieten (Zentrale Ethikkommission) bei der Bundesärztekammer zur Ethikberatung in der klinischen Medizin. Deutsches Ärzteblatt 7, S. 331–335.

Wiesing, Urban (Hg.) ([4]2012): Ethik in der Medizin. Ein Studienbuch. Stuttgart: Reclam.

Winkler, Eva (2009): Die institutionelle moralische Verantwortung der Klinik. In: Salomon, Fred (Hg.): Praxisbuch Ethik in der Intensivmedizin. Berlin: Medizinisch Wissenschaftliche Verlagsgesellschaft, S. 99–105.

Wöhlke, Sabine/Wiesemann, Claudia (2016): Moral distress im Pflegealltag und seine Bedeutung für die Implementierung von Advance Care Planning. Pflegewissenschaft 5–6, S. 280–287. DOI: 10.3936/1346.

Wöhlke, Sabine (2018): Bedeutsamkeit und Konsequenzen von moralischem Stress im pflegerischen Alltag. In: Riedel, Annette/Linde, Anne-Christin (2016) (Hg.): Ethische Reflexion in der Pflege. Konzepte – Werte – Phänomene. e-book, Berlin: Springer, S. 41–46.

Zsifkovits, Valentin (2004): Medizinethik mit Herz und Vernunft. Münster: Lit.